KUBRICK ET LA MUSIQUE

DANS LA MÊME COLLECTION

PHILOSOPHIE ET CINÉMA

Directeur : Éric DUFOUR
Comité éditorial : Laurent JULLIER et Julien SERVOIS

Rémy SANVOISIN

KUBRICK ET LA MUSIQUE

Paris
LIBRAIRIE PHILOSOPHIQUE J. VRIN
6, place de la Sorbonne, Ve
2014

© *Librairie Philosophique J. VRIN*, 2014
Imprimé en France
ISSN 1962-6967
ISBN 978-2-7116-2556-7

www.vrin.fr

INTRODUCTION[1]

S'il est certain que l'œuvre de Stanley Kubrick représente en musique de film un renouvellement fondamental, la véritable nature de son esthétique reste encore à définir. Le metteur en scène saura exploiter toutes les potentialités d'un art qui, au cours de l'histoire du cinéma, s'est paré de formes diverses, peinant parfois à trouver sa place dans le monde de l'image. La musique, jugée souvent secondaire, contingente, voire illégitime, bien qu'inaltérablement liée à l'art cinématographique dès sa naissance, demeurera longtemps le dauphin déconsidéré de l'image. Il est vrai qu'elle possède dans le film un statut paradoxal. Globalement très présente, elle est pourtant rarement perçue consciemment : l'image absorbe l'attention au détriment de la perception auditive, même si la musique, capable de démultiplier le potentiel expressif de l'image, joue un rôle primordial dans la perception visuelle.

1. Je remercie Éric Dufour pour ses conseils et pour l'apport qu'ont représenté ses cours et ses ouvrages dans la rédaction de ce livre. J'adresse également de sincères remerciements à Laurent Jullier, Benoît Letendre et Martin Broyer.

Le travail de Kubrick consistera d'abord à réaffirmer sa nécessité.

Avec le ballet des vaisseaux spatiaux portés par la célèbre valse de Strauss, la musique connaît une nouvelle forme d'existence au sein du film. *2001 : l'odyssée de l'espace* (1968), œuvre colossale, fascinante, découvre des univers sonores jusque-là inconnus. La musique n'y vit, n'y respire comme dans aucune autre œuvre cinématographique, apportant avec elle une constellation de significations expressives et symboliques. Kubrick choisit, contre la pratique conventionnelle, de ne pas recourir aux services d'un compositeur de studio.

> À moins que vous ne vouliez de la musique pop, il est vain d'employer quelqu'un qui n'est pas l'égal d'un Mozart, d'un Beethoven ou d'un Strauss pour écrire une musique orchestrale. [...]. Si vous voulez une musique d'orchestre, je ne sais pas qui va vous l'écrire[1].

Il est aisé de comprendre que le métier de compositeur de musique de film, relativement ingrat, n'offre pas des conditions de création optimales. Intervenant sur des films achevés, ne disposant que de quelques semaines pour travailler, les talents des musiciens, dont les œuvres ne seront finalement guère écoutées par les spectateurs absorbés dans l'histoire, sont mis à rude épreuve. Pourtant, la qualité des partitions de compositeurs tels que Max Steiner, Erich Wolfgang Korngold ou Victor Young dément suffisamment la sentence péremptoire de Kubrick. L'apport représenté par

1. S. Kubrick, entretien avec M. Ciment, « Premier entretien/1972. *Orange mécanique* », dans M. Ciment, *Kubrick*, Paris, Calmann-Lévy, 2001, p. 153.

les emprunts classiques est beaucoup plus profond qu'une prétendue supériorité qualitative.

Si Kubrick cherche à se départir de la tradition hollywoodienne, c'est peut-être davantage à cause de la nécessaire subordination de la musique à l'image qu'elle engendre par la postériorité de la composition sur le montage. Cependant, opérer une division frontale entre deux types de rapport audiovisuel, mécanique pour le cinéma classique, sans recherche d'unité entre image et musique, et organique pour l'œuvre de Kubrick, serait une simplification réfutée par la puissance formelle des bandes musicales du cinéma hollywoodien, soigneusement construites en adéquation avec l'image.

Il convient également d'éviter l'écueil consistant à définir l'esthétique du cinéaste comme une inversion du rapport entre musique et image, où la première, de dominée, deviendrait dominatrice en passant au premier plan. On affirmerait alors avec Antoine Pecqueur que « ce n'est pas la musique qui sert le film mais le film qui sert la musique »[1]. Kubrick ne pratique en aucun cas une inversion mais un dépassement du rapport de subalternation, recherchant la fusion entre les dimensions sonore et visuelle selon un style propre, très personnel, dans des œuvres unifiées où la musique joue un rôle complexe et changeant qui ne se laisse pas aisément théoriser.

Cet ouvrage tentera de réaliser un équilibre entre approche synchronique, centrée sur la cohésion formelle et le sens porté par les bandes sonores de chaque film, et approche

---

1. A. Pecqueur, *Les écrans sonores de Stanley Kubrick*, Montdidier, Éditions du point d'exclamation, 2007, p. 10.

diachronique, en cherchant à établir les caractéristiques communes aux différentes œuvres du cinéaste pour définir son style musical. La méthode de Pecqueur consistant à classer les œuvres particulières selon différentes thématiques nous semble impropre à mettre en valeur la cohérence des structures musicales au sein du monde que constitue chaque film. Sans prétendre à l'exhaustivité, nous réserverons une place à l'analyse des œuvres musicales elles-mêmes pour cerner les qualités que Kubrick a voulu exploiter et les liens profonds entre image et musique, en faisant valoir les pièces classiques aussi bien que les musiques populaires et les compositions originales. Dans un souci de continuité conceptuelle, l'usage de *2001* comme fil conducteur de cet essai sera préféré à une structure chronologique.

L'œuvre de Kubrick, très personnelle, ne s'inscrit pas moins dans la tradition américaine par ses préoccupations réalistes et les rapports étroits de la plupart de ses films avec les genres existants, même s'il cherche à se démarquer de cette influence à la fois esthétiquement et géographiquement, par son installation en Angleterre dès 1962. C'est donc avant tout à l'aune de la forme musicale hollywoodienne, classique au sens fort du terme, c'est-à-dire organisée en un système régi par un ensemble de normes, que nous étudierons le style novateur du réalisateur. L'influence du cinéma muet dans son œuvre nous incitera également à en cerner quelques principes fondamentaux. De plus, nous mentionnerons le cinéma européen en quelques occasions, même si le cadre de cet ouvrage ne permettra pas d'en approfondir l'étude. Cette approche comparative évitera cependant d'étendre à Kubrick des méthodes d'analyse forgées pour des styles antérieurs, afin de ne pas déformer la conception de son œuvre par des approches inadéquates.

La nouveauté musicale du cinéaste semble se cristalliser autour de ses emprunts à la tradition savante, l'utilisation de chefs-d'œuvre du classicisme et du romantisme illuminant les films de leur aura culturelle et symbolique depuis *2001 : l'odyssée de l'espace*. Pourtant, cette pratique est aussi vieille que le cinéma lui-même. Déjà, les bandes musicales du cinéma muet réservaient une place importante aux arrangements d'œuvres existantes, classiques ou populaires[1]. Si le principe d'emprunt est l'un des points prégnants du style de Kubrick, il n'en constitue en aucun cas un fondement. Ainsi, cet ouvrage débutera par l'étude d'une autre de ses spécificités, source d'un enrichissement expressif et symbolique d'envergure, dont l'origine est bien antérieure à la grande odyssée spatiale.

---

1. Voir M. Chion, *La musique au cinéma*, Paris, Fayard, 1995, chapitre 2.

CHAPITRE PREMIER

LA MUSIQUE COMME ART DE LA DISSONANCE

L'un des thèmes fondamentaux du cinéma de Kubrick est celui de la faillibilité humaine. Le réalisateur cherche à cerner l'esprit humain dans toute sa complexité, mais surtout dans ses limites, ses carences, sans tomber dans l'apitoiement, une autre forme de complaisance. Il choisit le biais de l'humour, parfois corrosif, volontiers sarcastique, qui permet de traiter de sujets graves avec un certain recul, comme dans ce qu'il nomme sa « comédie cauchemardesque »[1]. La musique y joue un rôle primordial dans l'élaboration de l'ironie grinçante chère au réalisateur.

Le générique de *Docteur Folamour* (1963) démontre dès les premières images l'immense potentiel expressif d'une musique mise en rapport avec des images qui lui semblent étrangères. Il montre deux avions de l'*U.S. Air Force* volant

---

1. S. Kubrick, entretien avec J. Gelmis, « The Film Director as Superstar. Stanley Kubrick », *in* G. D. Phillips (dir.), *Stanley Kubrick, Interviews*, Jackson, University Press of Mississippi, 2001, p. 97.

dans l'azur, l'un s'assemblant avec l'autre comme pour le haler, avant de le relâcher finalement. La musique utilisée n'est en aucun cas militaire : il s'agit de la chanson d'amour *Try a Little Tenderness*, dans une version orchestrale aux accents suaves, où un beau thème aux violons se déploie sur des accords jazzy riches de septièmes et neuvièmes, soutenu par un tapis velouté de cordes ponctué de harpe et de contrechants des flûtes. C'est bien l'inverse de ce qu'on peut attendre en pareilles circonstances.

Pourtant, la vue de ces appareils de guerre menaçants évoque moins une opération militaire qu'un ballet aérien, un couple enlacé dans une ronde de séduction, ou même un rapport charnel. Cette impression est relayée par la technique qui offre plusieurs points de vue, créant ainsi un mouvement dans ce paysage immobile, mer de nuages infinie, et substitue au montage *cut* plus rude le fondu enchaîné, lascif, joignant chaque plan. La musique serait alors loin d'être contradictoire.

La notion d'*antithèse* que l'on retrouve souvent chez les commentateurs de Kubrick pour qualifier ce genre de procédés apparaît ainsi beaucoup plus complexe qu'elle ne le semble. Le terme lui-même, utilisé notamment par Michel Sineux[1], établit entre musique et image une opposition frontale qui peut générer une conception erronée en posant la musique comme l'autre de l'image.

L'étude de la musique à l'âge d'or d'Hollywood éclaire le projet kubrickien. Elle consiste fondamentalement en une réaffirmation de l'image, son rôle est de sertir l'action en

---

1. M. Sineux, « Maestro, musique !... », dans G. Ciment (dir.), *Stanley Kubrick*, Paris, Rivages, 1987, p. 35.

épousant au plus près le récit et son sens. Cette forme de redondance, comme le remarque Pierre Berthomieu[1], ne peut être condamnée en vertu de la nature du classicisme hollywoodien, cinéma de l'affirmation. Il se définit comme divertissement, aspirant avant tout à créer des émotions dont l'exacerbation sera le premier rôle de la musique. Ce principe d'adéquation apparaît donc comme une norme, ancrée historiquement et culturellement, et non un principe objectif prétendant à un « réalisme » musical. De plus, la lecture de l'image et l'émotion ressentie dépendent de la sensibilité et des conceptions du compositeur. Si sa musique possède le pouvoir d'uniformiser la perception des spectateurs, elle ne peut prétendre à l'intersubjectivité. La notion d'adéquation entre musique et image est donc une notion relative.

Le concept d'anempathie[2] proposé par Michel Chion, s'il offre une conception générale en musique de film, possède, dans le cas de Kubrick, la même limite que l'antithèse de Sineux, à savoir une opposition entre musique *empathique*, qui correspondrait à l'image, entendue comme objectivement en adéquation avec elle, et musique *anempathique* sans identification affective avec l'image, conçue comme contradictoire.

Les séquences du B-52, l'avion de guerre qui ne pourra être rappelé par le commandement militaire et atteindra sa cible russe, précipitant sans le vouloir la fin de l'humanité, se voient bénéficier d'une stylisation musicale subtile qui peut éclairer la véritable différence entre Kubrick et la

---

1. P. Berthomieu, *La musique de film*, Paris, Klincksieck, 2004, p. 36.
2. M. Chion, *L'audio-vision, Son et image au cinéma*, Paris, Armand Colin, 2005, p. 11.

norme hollywoodienne. Lorsque le Major T. J. Kong déclare dramatiquement « c'est parti pour la guerre nucléaire totale contre les ruskoffs », une musique martiale minimale se fait entendre, un thème joué à la trompette, parfois murmuré par un chœur d'hommes bouche fermée, accompagné du tambour militaire. Cette musique assez raide, un peu guindée, constitue bien un contrepoint ironique au discours solennel du Major sur le courage et l'honneur. Laurie Johnson, le compositeur, dit avoir donné à sa musique un ton western en cherchant « un héroïsme un peu ridicule »[1]. La musique semble faire écho au chapeau de cowboy et au chevauchement dément du missile par le Major alors qu'il chute vers sa cible.

Voilà un premier niveau d'ironie, mais les spécialistes de la guerre de Sécession auront reconnu la mélodie de *When Johnny Comes Marching Home*, chant traditionnel de l'Union, qui dénote une autre dimension symbolique. Tout d'abord, la chanson, dont le film ne fera pas entendre les paroles, exprime le désir de tout un village de voir le soldat Johnny rentrer de la guerre, auréolé de gloire. On voit comment ce texte entre en adéquation avec le discours de Kong, avant d'être cruellement démenti par la tournure tragique des évènements. Les soldats ne reviendront pas vivants de cette opération, et si les pouvoirs russe et américain souhaitent ardemment leur retour, ce n'est sûrement pas pour les fêter en héros mais pour éviter un drame nucléaire sans précédent.

---

1. L. Johnson, cité par A. Pecqueur, *Les écrans sonores de Stanley Kubrick*, *op. cit.*, p. 53.

Plus que cela, Kubrick semble vouloir figurer, par-delà les siècles, une sorte de permanence de la guerre et des hommes qui la font, comme le suggèrent les références visuelles au passé pour le personnage du Major. Ce parallèle historique correspond au propos général du film, selon lequel le progrès technique est inopérant dans le domaine moral et n'a pour effet que de démultiplier les capacités destructrices d'une humanité moins gouvernée par sa raison que par ses pulsions. Cette référence au passé et toute la conception du monde qu'elle implique, suggérée par l'image, se voit donc renforcée par la musique.

On pourrait être tenté de théoriser la différence entre Kubrick et la tradition hollywoodienne classique, au niveau de l'utilisation de la musique, comme une différence de mode d'expression. La musique, dans cette tradition, serait le domaine de l'explicite, alors que, dans les films de Kubrick, elle serait un art impressionniste de la suggestion, du flou, de l'indistinct. Cette thèse se vérifierait dans les séquences du B-52, par l'absence des paroles de l'air traditionnel et les connaissances musicales que requiert son identification, mais serait invalidée par le générique, où l'ironie est très explicite grâce au contraste accusé entre musique et image. La musique chez Kubrick n'est pas caractérisée par un mode d'expression unique.

En revanche, il y a bien une différence de finalité de la musique entre Kubrick et la tradition classique, qui trouve son origine dans deux conceptions du cinéma. L'école holly-woodienne est un cinéma de l'affirmation, donc de l'uni-vocité. Le sens porté par les films est donné dans l'image, le travail de la musique consiste alors à le renforcer, à le faire triompher. L'adéquation entre musique et image est certes relative, mais la musique hollywoodienne sait orienter la perception pour exprimer l'évidence visuelle, l'immédiateté constitutive du classicisme.

Dans les séquences du B-52, le rapport au passé n'est que suggéré de manière humoristique par le chapeau de Kong, l'assimilant à un héros de western dans un monde conçu de manière manichéenne où l'altérité – l'indien – constitue la menace à neutraliser, semblable au monde d'après la Seconde Guerre mondiale, bipolaire, construit sur une opposition violente où l'autre est assimilé au mal. Dans le ballet initial, qui préfigure celui des vaisseaux spatiaux dans la scène d'anthologie de *2001*, si la vue de deux avions militaires évoque le combat, la guerre, la mort, leur « liaison », ainsi que le montage, semblent suggérer une autre réalité. Dans ces séquences, la musique n'est pas l'antithèse, c'est-à-dire la négation de l'image, mais elle n'est pas non plus l'affirmation de sa réalité immédiate. Substituant à la réaffirmation hollywoodienne une poétique du dévoilement, la musique veut mettre en lumière la potentialité qu'a l'image d'évoquer autre chose que ce qu'elle semble montrer immédiatement, en révélant des dimensions visuelles qui affleurent sans se donner pourtant.

Cette première caractéristique du style musical de Kubrick pourrait être démentie par la scène finale qui, après le coup de théâtre du docteur Strangelove (« Mon Führer, je peux marcher ! »), représente dans le ton caractéristique du film la destruction du monde. Ici, le contraste entre les images de déflagrations atomiques et la chanson *We'll Meet Again*, interprétée par Vera Lynn, est total. Les paroles (« nous nous reverrons, je ne sais où, je ne sais quand, mais je sais que nous nous reverrons un jour ensoleillé ») évoquent bien la volonté antithétique dont parlait Sineux. Pourtant, n'y a-t-il pas d'étranges résonances entre l'image et la musique ? Un procédé d'une grande expressivité est mis en œuvre par Kubrick, qui démultiplie la puissance expressive de l'opposition audiovisuelle, celui du montage rythmique. Le cinéaste synchronise les changements de plan avec la pulsation de la musique, à quoi s'ajoute une décélération progressive : les huit premiers plans de champignons de feu se succèdent à chaque pulsation, puis les cinq suivants toutes les deux pulsations, alors que le quatorzième plan est soudainement beaucoup plus long et laisse au spectateur le loisir de contempler les volutes de fumée enfler démesurément, avant que la synchronisation ne reprenne beaucoup plus lentement avec un plan toutes les quatre mesures, puis un dernier plan crépusculaire plus long qui se clora en même temps que la chanson.

L'impact émotionnel est considérable : la succession à vive allure des plans sur la pulsation crée une impression de scansion. La régularité confère un caractère implacable aux images, comme assénées par la musique. Le cynisme des paroles légères et optimistes dans ce contexte, mais surtout cette synchronisation rythmique contribuent au sublime de la conclusion, entendu au sens kantien, c'est-à-dire comme perception de l'incommensurable côtoyant le sentiment de terreur. De plus, le ralentissement rythmique figure de manière bouleversante le crépuscule du monde, le calme délétère qui s'institue après la série de déflagrations.

Kubrick semble réutiliser le procédé mis en œuvre au début de la grande scène de bataille de *Spartacus* (1960). Chaque changement de plan fixe sur les soldats déterminés de l'armée du gladiateur est marqué par un accent percussif, procédé répété plusieurs fois et qui rendra encore plus impressionnant le soudain plan d'ensemble sur l'armée ennemie puis sur les généraux romains, accompagnés de sonneries de cuivres agressives et sinistres. Il s'agit bien d'un montage rythmique, mis en relief par cette synchronisation avec la musique, puisque la plupart des plans ont la même durée (environ 3,5 secondes). Il est impossible de déterminer si le montage se cale sur la musique de North ou si celle-ci lui est postérieure, ni même si l'idée provient de Kubrick ou du compositeur hollywoodien. Toujours est-il que ce procédé donne un caractère implacable à l'affrontement, où chaque plan semble martelé par la musique.

Dans *Docteur Folamour*, la musique est plus douce et coulante, mais l'impact est aussi fort, avec ce déferlement visuel appuyé, suivi d'une raréfaction synonyme de mort. L'enchaînement régulier des plans apporte au montage une vie interne, un mouvement, frénétique au début, voir hypnotique, puis délité par le statisme final. Si la chanson, avec la voix lyrique de Lynn accompagnée d'un chœur et d'un orchestre symphonique, contredit l'image tant par son caractère que par ses paroles, elle entretient avec elle une adéquation formelle profonde qui accentue l'ampleur de la scène.

À travers ces trois exemples empruntés à *Docteur Folamour*, le style musical de Kubrick apparaît divers, ne se laissant pas aisément théoriser par une notion unique. Dissymétrie, décalage, divergence, dissonance caractérisent les associations audiovisuelles du cinéaste. Arrêter un terme trop spécifique serait réducteur et, s'il fallait en choisir un, nous proposerions celui de *confrontation*. La confrontation, c'est d'abord un rapport à la norme, c'est-à-dire un refus de se couler dans les schémas classiques pour introduire une tension. Ce terme, suffisamment général pour convenir à l'ensemble des idées du réalisateur, évacue la notion de conflit entre image et musique au profit de celle de rencontre, qui fait naître l'équivocité, la polysémie. Plutôt qu'anempathique, la musique révèle d'autres niveaux d'empathie, d'autres virtualités, là où musique et image, dans le cinéma classique, marchaient d'un même pas. Kubrick établit entre elles un rapport profondément organique par sa manière si singulière de construire le sens, né de la confrontation des deux termes auditif et visuel.

Les commentateurs situent l'avènement de ce principe de confrontation à *Docteur Folamour*, mais son origine est en fait antérieure. Il faut remonter à *L'Ultime razzia* (1956) et à sa vision pessimiste de l'existence humaine, très fataliste, où les protagonistes échouent dans leur quête pour cause de trahison ou d'incroyable malchance, comme manipulés par un destin supérieur et irrépressible.

Après le massacre de ses associés, George Peatty erre dans l'appartement désert. Une caméra subjective représentant son regard découvre les cadavres ensanglantés qui jonchent le sol. La pièce entendue n'est pas la musique sombre, nerveuse et dissonante de Gerald Fried, mais une sorte de mambo aux cuivres colorés, léger et festif, décalage éloquent par rapport à l'horreur de la scène. La musique semble poursuivre sa route avec désinvolture, indifférence, accentuant par contraste la conscience de l'arrêt de l'existence humaine. Cette confrontation est tout à fait pensée par Kubrick et Fried : même si le mambo semble diégétique et commence avant la tuerie, c'est précisément lorsque Peatty comprend qu'il est le seul survivant qu'entrent les cuivres et la percussion, rendus très présents par le mixage. La musique accentue l'absurdité de ce massacre gratuit dont même les responsables, morts eux aussi, ne profiteront pas.

C'est le principe de confrontation audiovisuelle qui fonde en grande partie l'ironie caractéristique du réalisateur.

L'humour naît d'abord de la seule subversion des codes, des normes intégrées par le spectateur. Kubrick réinvente la musique de générique, consistant, dans le classicisme, en une préfiguration de l'histoire, comme l'ouverture dans la tradition opératique. Le metteur en scène, lui, fait entendre une musique romantique sirupeuse dans un film de guerre qui se terminera par la fin du monde.

L'ironie est ensuite liée à la subversion du sens de scènes particulières. Les confrontations audiovisuelles font apparaître deux B-52 comme un couple enlacé, voir comme deux monstrueux insectes en train de copuler, introduisant le thème de la procréation que l'on retrouvera cyniquement rationalisée par Strangelove à la fin du film. Dans les séquences aériennes, l'humour ne provient pas de la négation de codes eux-mêmes, puisque l'association d'une musique martiale à une opération militaire est en soi conventionnelle, mais à la fois du caractère parodique de la musique et des paroles originaires de l'air traditionnel. L'ironie est aussi celle de l'Histoire et sous-tend toute une vision pessimiste de l'homme qui reproduit inlassablement les mêmes erreurs. Enfin, la scène finale réunit l'art et la mort dans un mouvement identique, où la légèreté de la musique renforce par contraste l'horreur de la fin du monde.

Pour conclure cette partie, nous nous proposons d'examiner avec *Lolita* (1962) un autre type de confrontation mis en œuvre par Kubrick. La bande sonore du film est fondée sur deux pièces opposées tant par leur genre que par leur caractère. La première, nommée *Lolita Theme* et composée par Bob Harris, est écrite pour une formation instrumentale possédant peu d'antécédents en musique de film : c'est une pièce lyrique pour orchestre et piano soliste, dont les accents postromantiques évoquent les concertos de Rachmaninov.

La seconde pièce, *Lolita Ya Ya*, composée par Nelson Riddle, présente un tout autre visage[1] :

Il s'agit d'une ritournelle espiègle chantée par une voix enfantine, dont le balancement un peu raide et l'instrumentation évoquent quelque racine latine. La simplicité affirmée, tant par la mélodie, construite sur trois notes, que par l'harmonie (les trois accords fondamentaux du système tonal, repris inlassablement) participent de cette ingénuité étonnement convaincante.

Lolita Theme a été critiqué de manière virulente, comme le montre cette sentence méprisante de Gabbard et Sharma : « Une espèce de concerto pour piano et orchestre, brulant d'émotions, écrit [...] dans un style sous-Rachmaninov, gronde en musique de fond »[2]. Quant à l'usage de *Lolita Ya Ya*, il ne serait « pas très concluant »[3] selon Michel Chion.

Bien au contraire, l'utilisation de ces deux pièces est intéressante, par le double rôle symbolique qui semble leur être dévolu. Elles concourent d'abord à l'évocation de la personnalité complexe de Dolores Haze, à la fois jeune adolescente fantasque, juvénile, encore une enfant, et femme

---

1. Les transcriptions sont toujours réalisées à partir de la version des films et non d'éventuelles versions CD.

2. K. Gabbard et S. Sharma, cités par M. Chion, *Stanley Kubrick, L'humain, ni plus ni moins*, Paris, Cahiers du cinéma, 2005, p. 119.

3. M. Chion, *Stanley Kubrick, L'humain, ni plus ni moins*, op. cit., p. 119.

ardente, passionnée, capable de dominer les hommes par ses charmes. Si le principe de confrontation musicale reste en soi traditionnel, la forte rupture stylistique qui oppose les deux pièces principales, si importante qu'elle constitue presque à elle seule un élément d'humour, est en revanche remarquable. L'unification de l'hétérogène, voire des contraires, produit la représentation symbolique, le sens qui n'appartient en propre à aucun des termes et ne préexiste pas à leur association. Confrontation musicale comme confrontation audiovisuelle sont l'une des clefs de l'expression kubrickienne et, inaugurées par ses premiers films marquants, elles connaîtront leur plein épanouissement dans son chef-d'œuvre de science-fiction.

Si la pièce de Bob Harris représente la facette sulfureuse de la personnalité de Dolores par sa tension expressive, elle est aussi l'élan passionnel, la flamme unissant les deux amants qui, en 1962, ne pouvait être exprimée par l'image que très implicitement. « Si je pouvais refaire le film, j'accorderais à l'aspect érotique de leur relation le poids que lui donnait Nabokov »[1], affirmait Kubrick, qui éprouva de grandes difficultés à réaliser une adaptation du roman qui convienne aux instances de censure. L'introduction de *Lolita Theme* révèle de manière éloquente son rôle symbolique. C'est une vaste ligne ascendante ininterrompue escaladant près de quatre octaves jusqu'au registre aigu des violons, servie par des modulations lointaines et un puissant *crescendo* orchestral, expression sonore de l'élan vital, de la passion des amants, ne pouvant s'exprimer que dans la

---

1. S. Kubrick, entretien avec J. Gelmis, « The Film Director as Superstar. Stanley Kubrick », art. cit., p. 88.

suggestion qui échappe aux griffes de la censure. Kubrick semble réaliser une véritable sublimation au sens freudien, en substituant à la représentation de l'érotisme la musique qui veut en exprimer l'essence, en transmuant les pulsions humaines en art sonore.

C'est cet élan qui ouvre le film, accompagnant l'image du pied de Lolita dont les doigts sont délicatement vernis par la main d'Humbert. L'humour n'est jamais loin avec Kubrick, il affleure déjà dans cette association audiovisuelle surprenante et, si l'on peut taxer la pièce de kitch, il faut comprendre que son caractère participe de cette ironie.

Ainsi, on retrouvera *Lolita Theme* aux moments émotionnellement forts, lors de la première séparation des deux amants, pendant la scène de l'hôpital où Humbert comprend soudain que la jeune fille l'a abandonné, et bien entendu à la fin lorsque l'intellectuel quitte en hâte la maison de Dolores après une ultime entrevue. La pièce romantique est intimement liée à la souffrance que fait naître cette passion dévorante. Au contraire, *Lolita Ya Ya* est introduite dans la scène de la rencontre où Humbert contemple la jeune fille en bikini étendue ingénument sur la pelouse[1]. Cette musique est entendue ensuite plusieurs fois durant la première moitié du film avant de disparaître naturellement lorsque le couple entame sa longue errance. Dolores n'est définitivement plus une enfant et s'affirme, se détache d'un Humbert aux abois, traqué et malade. La naïveté originaire s'évapore en même temps que l'espoir d'une pérennité de leur relation illicite.

---

1. Par un jeu de regard évocateur, le caractère ingénu de la ritournelle est rapidement contesté par le regard ardent que Lolita rend à Humbert. La nymphette, objectivée par le regard de l'intellectuel, devient à son tour voyeuse, dans une inversion subtile des rôles.

CHAPITRE II

LA MUSIQUE SIGNIFIANTE

L'ampleur du projet de *2001 : l'odyssée de l'espace* est considérable. Kubrick ambitionne à la fois d'atteindre une beauté visuelle jamais égalée, et de réaliser une œuvre de portée philosophique, imaginant un parcours initiatique de l'humanité à l'échelle du cosmos, raconté en quatre histoires distinctes[1] reliées entre elles par une figure symbolique transcendante. La musique sera pour Kubrick le moyen de servir ces deux dimensions par la réappropriation d'œuvres du répertoire savant. C'est d'abord dans le monde tonal qu'il ira puiser les pièces qui pourront le mieux exprimer ses idées.

Le générique s'ouvre sur la pénombre d'un astre bleuté, la Lune, avant qu'apparaissent en profondeur la Terre et le Soleil dans un alignement parfait, figure prophétique de la conjonction que l'on retrouvera à plusieurs reprises dans

---

1. Voir S. Kubrick, entretien avec G. Siskel, « Kubrick's Creative Concern », *in* G. D. Phillips (dir.), *Stanley Kubrick, Interviews, op. cit.*, p. 121.

le film. Un son grave, à peine audible, s'extrait du silence, note en devenir, sorte de matière sonore latente encore à l'état de bruit, pas encore organisée et élevée en système. Puis retentit une première note *do* des trompettes – première hauteur définie – formant avec les deux notes qui lui succèdent la quinte puis l'octave, intervalles fondamentaux de la tonalité, avant la naissance du mode mineur par le *mi* bémol qui complète la quinte et forme le premier accord. Après les accents des timbales, c'est au tour du mode majeur de s'affirmer avec la mutation du *mi* bémol en un *mi* bécarre lumineux. Les fondements de la tonalité étant établis, l'harmonie peut se déployer, portée par un puissant crescendo, avec l'accord de *fa* majeur, la sous-dominante, puis l'arrivée de la dominante qui affirme triomphalement le retour du ton principal *do* majeur dans un tutti orchestral éclatant augmenté du son ample et opulent de l'orgue.

« Je me suis proposé de tracer un tableau du développement de la race humaine depuis ses origines […], jusqu'à la conception nietzschéenne du Surhomme »[1], expliquait Richard Strauss à propos de son poème symphonique *Ainsi parlait Zarathoustra*. L'introduction utilisée par Kubrick contient en germe cette idée de genèse, de progression vers l'affirmation, en représentant dans le film l'évolution humaine grâce à la métaphore de la construction tonale. La pièce part du bruit, c'est-à-dire de l'informe, vers l'établissement progressif des intervalles qui fondent à leur tour l'harmonie, puis la consécration du mode majeur. Le cinéaste a remarquablement pressenti l'extraordinaire

---

1. R. Strauss, cité par F. R. Tranchefort (dir.), *Guide de la musique symphonique*, Paris, Fayard, 1986, p. 748.

convergence symbolique entre son œuvre inématographique et la pièce de Strauss qui préfigure dès le générique, de manière indicible, le triomphe du Surhomme dans l'apothéose finale.

Sous l'impulsion de quelque force transcendante, Guetteur de Lune apprend à démultiplier les capacités de son corps grâce à l'outil, faisant pour la première fois l'expérience de la force destructrice sur laquelle se construira l'évolution de son espèce. Dans cette scène saisissante où l'homme-singe, dont la taille semble démultipliée par la contreplongée, ravage tel un dieu les ossements d'un animal dans un ralenti théâtral, *Ainsi parlait Zarathoustra* reparaît, révélant l'importance et la portée symbolique de l'apprentissage initiatique. Cette même pièce clora la scène finale de la transfiguration, lorsque Bowman, quittant son enveloppe charnelle, renaîtra en un pur esprit, le fœtus astral, nouvelle étoile dans l'univers.

La première histoire, « L'Aube de l'humanité », s'achève par la fameuse ellipse substituant à l'os jeté en l'air par Guetteur de Lune un vaisseau spatial flottant dans le vide intersidéral. De nouveaux frémissements sonores se font entendre, mais il s'agit moins de la matière informe qui débutait *Zarathoustra* que de bribes musicales, de trémolos, de fragments thématiques, de notes éparses, dans un tempo lent, presque immobile. Ces fragments s'agrègent, le discours s'anime, la valse commence.

« Il est difficile de trouver mieux que *Le Beau Danube bleu* pour peindre la grâce et la beauté dans un mouvement de tournoiement »[1]. Le cinéaste a bien senti la capacité du genre de la valse à créer le mouvement grâce au balancement qu'elle génère. Kubrick affirme d'ailleurs sa volonté d'évoquer une *comédie musicale*[2] spatiale. Dans sa préoccupation réaliste et poétique, il choisit une représentation des voyages spatiaux qui refuse la vitesse frénétique au profit d'une lenteur proche du statisme. Ses vaisseaux semblent flotter dans le vide interstellaire, dans un équilibre entre le mobile et l'immobile où le cinéaste infuse du mouvement par la circularité, celle du décor, avec ces astres et vaisseaux sphériques, celle des mouvements de caméra qui épousent les courbes de la station spatiale, elle-même en rotation. La valse de Johann Strauss fils, par sa mesure ternaire, est elle-même circularité, elle anime le monde de l'image.

Après une scène dialoguée à l'intérieur de la station orbitale, la valse reprend l'accompagnement du voyage du savant Heywood Floyd à destination de la Lune, et s'achève avec l'arrivée dans la base de Clavius. Comme dans l'opéra français du XVIIIe siècle et ses nombreux ballets, divertissements chorégraphiés très prisés du public, sortes d'excroissances dans la continuité dramatique, la musique de Strauss n'accompagne que les moments sans action. Les deux scènes spatiales sont de purs épisodes de plaisir sonore et visuel, non nécessaires à la narration. « La musique de Strauss était adéquate parce qu'elle est belle »[3] remarquait simplement Kubrick pour justifier la présence du *Beau*

---

1. S. Kubrick, cité par M. Chion, *Stanley Kubrick, L'humain, ni plus ni moins, op. cit.*, p. 232.

2. S. Kubrick, entretien avec R. Walter, « De *Killer's Kiss* à *2001 : l'odyssée de l'espace* », dans G. Ciment (dir.), *Stanley Kubrick, op. cit.*, p. 15.

3. *Ibid.*, p. 14.

Danube bleu, dans cette interprétation très *rubato* et expressive de Karajan. Car le plaisir musical est bien un premier niveau de lecture, non négligeable, du style kubrickien, sur lequel nous aurons à revenir.

Mais la beauté sensuelle de ces moments poétiques dissimule une réalité beaucoup plus sombre. La diégèse fait apparaître un monde où le développement technologique semble sans effets sur l'évolution des rapports sociaux. Les hôtesses de l'hôtel de luxe Hilton ou des navettes spatiales, toutes des femmes, sont au service du pouvoir scientifique et politique, principalement des hommes. Les relations humaines se résument à des propos de convenance purement stéréotypés, institutionnalisés. La discussion avec les scientifiques russes se caractérise par l'hypocrisie et l'artifice rhétorique, celle du professeur Floyd avec sa fille apparaît étonnamment guindée. Michel Ciment parle d'une « atrophie des sentiments, [...], d'une banalité effrayante des échanges sociaux »[1], dans un monde où le progrès technologique semble précipiter la dissolution de la sensibilité, de la substance humaine.

Or, la valse possède une empreinte historique et sociale bien déterminée, dont la résonance avec *2001* ne peut être ignorée. L'âge d'or de la valse correspond aux derniers feux de la Vienne aristocratique millénaire, de l'empire austro-hongrois gouverné par la dynastie habsbourgeoise. La valse, dont Johann Strauss fils représente justement la quintessence, c'est la vie dorée de la bourgeoisie et de l'aristocratie, le monde des salons, des convenances, de l'apparence et du divertissement pascalien, une société en

---

1. M. Ciment, *Kubrick, op. cit.*, p. 107.

déclin qui veut encore jouir du présent sans prendre conscience de l'écroulement de ses valeurs, de toute une conception du monde renversée par les bouleversements du XXᵉ siècle. Voilà bien ce que montrent les seconde et troisième histoires de l'œuvre de Kubrick : une civilisation dépassée, parvenue à son terme, ignorant la menace qui pèse sur elle, celle de la technique, de la machine à laquelle l'homme s'est aliéné, devenant lui-même une machine. Déjà, les dirigeants militaires dansaient sur la valse *La Vie d'artiste* du même Strauss dans *Les Sentiers de la gloire* (1958), indifférents au chaos de la Première Guerre mondiale et aux souffrances des soldats. Dans *2001*, *Le Beau Danube bleu* sert la beauté de la scène tout en créant l'équivocité, en suggérant derrière le manteau des apparences une réalité plus sombre.

La « Mission Jupiter », récit du voyage de David Bowman et Frank Poole à bord de la navette Discovery, est placée sous le signe d'une musique plus explicitement funeste. L'Adagio extrait de la suite d'orchestre du ballet *Gayaneh* de Khatchatourian fait entendre une mélodie seule jouée par les violons, lascive, riche de chromatismes et d'intervalles expressifs. Une seconde voix contrapuntique se joint à la première et s'entrelace avec elle en un dialogue tendu, souvent dissonant et sans cesse évoluant, mélodie infinie résonnant dans le vide intersidéral. Son lyrisme sombre et poignant évoque la solitude des astronautes, dont les activités quotidiennes acquièrent par l'atmosphère musicale pesante une lourdeur tragique. Le statisme de cet adagio, à la pulsation presque imperceptible, fait écho à la lenteur démesurée du vaisseau, frêle esquif errant dans l'immensité de l'espace. Fondé sur le pouvoir expressif de la mélodie, il figure une souffrance affective presque douloureuse. « Sans cette musique triste et donnant une impression de solitude, on aurait pensé : "[…] C'est merveilleux ! Comme le monde est beau !" »[1]. Encore une fois, la musique s'associe à l'image pour dépasser sa réalité immédiate et orienter la perception du spectateur.

L'art de la confrontation chère à Kubrick révèle dans *2001*, plus encore que dans *Docteur Folamour*, le pouvoir qu'a la musique, en s'extrayant des normes établies, de dévoiler des potentialités visuelles insoupçonnées, mais plus encore, de diffracter les niveaux de perception de l'œuvre, du concret vers l'abstrait. Ainsi, la valse de Strauss figure alternativement un divertissement hors de l'action, un ballet spatial, non dépourvu d'un certain « humour euphorisant »[2] selon les termes de Ciment, ou le présage du drame qui guette la civilisation. *Ainsi parlait Zarathoustra* peut être apprécié pour sa seule capacité à mettre en valeur certaines scènes clefs par son caractère majestueux, ou pour faire de ces scènes les jalons qui mèneront l'humanité jusqu'à sa transfiguration, grâce à sa structure porteuse de sens.

Les œuvres issues du patrimoine savant représentent un réel apport signifiant. En effet, chaque pièce, ainsi que le genre auquel elle appartient, possède une histoire, un sens interne qui lui est propre. Kubrick a beau se défendre parfois de ces connotations (« la plupart des gens de moins de trente-cinq ans peuvent entendre [*Le Beau Danube bleu*] objectivement, comme un très beau morceau »[3]), elles n'en demeurent pas moins une réalité indépendante de toute

1. S. Kubrick, entretien avec R. Walter, « De *Killer's Kiss* à *2001 : l'odyssée de l'espace* », art. cit., p. 15.

2. M. Ciment, *Kubrick, op. cit.*, p. 131.

3. S. Kubrick, cité par M. Chion, *Stanley Kubrick, L'humain, ni plus ni moins, op. cit.*, p. 232.

intentionnalité du metteur en scène. Le spectateur, sans
forcément reconnaître son compositeur ou l'époque de
sa création, peut être capable d'identifier une valse, avec
tout le sous-texte socioculturel qu'elle véhicule.

Ainsi, nous proposons une distinction entre le sens
intrinsèque de l'œuvre musicale, nommé *sens en soi*, et celui
que peut revêtir l'œuvre dans le contexte du film, nommé
sens cinématographique. Les deux niveaux de signification
peuvent diverger radicalement, ce que l'on a pu constater
avec *Docteur Folamour*, ou se corroborer, et même se
confondre, comme avec l'œuvre de Richard Strauss dont
Kubrick exploite la signification prophétique contenue dans
la forme musicale elle-même. Si la valse semble au contraire
détournée, sa confrontation avec l'image établit en fait un
rapprochement avec son sens socioculturel, mais aussi avec
son genre – la musique de danse –, et son essence musicale –
le mouvement généré par sa métrique.

Cette distinction permet d'éviter l'écueil consistant à
analyser l'œuvre musicale à l'aune de son sens cinématographique, et donc de lui prêter une signification qu'elle ne
contient pas intrinsèquement et qui naît de la seule utilisation qu'en fait Kubrick. Ces considérations montrent
que l'acception des œuvres dans les films du cinéaste est
complexe, fruit de la rencontre de différents niveaux de réalité. Les trois niveaux d'interprétation de l'œuvre musicale
en soi, définis par Jean Molino[1], se confrontent à ceux

1. Il s'agit du niveau poïétique, correspondant à la genèse de l'œuvre, au
projet du compositeur, du niveau immanent, entendu comme structures
internes objectives de la musique, et du niveau esthésique correspondant à la
réception et la perception de l'œuvre. Voir J. Molino, « Fait musical et

qui caractérisent le sens cinématographique de la musique. Projet artistique, réalité structurelle et réalité perceptive se mélangent pour former un sens vaste, pluriel, qui échappe à toute unification conceptuelle. À ces deux grilles de lecture superposées s'ajoute une diversité des niveaux stylistiques et symboliques déployés par chaque œuvre. Une pièce musicale possède un style propre, mais elle appartient aussi au style d'un compositeur, à celui d'une époque et d'une aire géographique, et enfin à celui de toute une civilisation, chaque niveau de style possédant son propre réseau de significations.

La prise en compte de la multiplicité des dimensions musicales témoigne d'un véritable travail d'orfèvre de la part du réalisateur, d'un souci du détail infini qui caractérise sa méthode de travail en général. Kubrick procède avec la musique comme avec les sujets traités dans ses films, recherchant parmi un répertoire étendu l'œuvre convenant à son projet, ce qu'il explique à propos de *2001* (1968)[1], *Orange mécanique* (1971), *Barry Lyndon* (1975), *Full Metal Jacket* (1987), etc. Cette approche encyclopédique, alliée aux connaissances pratiques provenant de ses compétences de batteur de jazz, font de Kubrick le réalisateur le plus désigné pour rénover fondamentalement la musique au cinéma.

---

sémiologie de la musique », dans *Musique en jeu* n° 17, Paris, Seuil, 1975, p. 46-49.

1. « Je pense avoir écouté la plupart des œuvres électroniques et concrètes […], pas parce que j'aime particulièrement ce genre de musique, mais dans mes recherches pour *2001* et *Orange mécanique*. », S. Kubrick, entretien avec P. Strick et P. Houston, « Modern Times, An Interview with Stanley Kubrick », *in* G. D. Phillips (dir.), *Stanley Kubrick, Interviews, op. cit.*, p. 132.

On a reproché à ces procédés d'emprunt de créer des interférences avec l'expérience personnelle du spectateur, renvois extérieurs au film qui en gêneraient la perception. Il serait insuffisant de répondre à cette critique en remarquant que ces interférences sont un moindre mal en regard de l'apport signifiant représenté par les œuvres empruntées, d'autant plus que cet apport pourrait provenir d'autres œuvres équivalentes. En effet, il ne faut pas confondre sens porté par un genre (la valse), par une structure (expansion jusqu'à l'affirmation tonale dans *Ainsi parlait Zarathoustra*), ou par toute autre caractéristique structurelle ou culturelle, et sens porté par une œuvre *particulière*. En effet, il était possible de faire fonctionner la scène du ballet spatial avec n'importe quelle valse moins connue ou composée pour l'occasion, et de reproduire la structure symbolique de la pièce de Richard Strauss dans une composition nouvelle. On retomberait alors sur la question prégnante que pose *2001* : pourquoi Kubrick s'est-il finalement passé des services d'un compositeur talentueux tel qu'Alex North ? Si les paragraphes précédents ont permis de dégager les significations tissées par le cinéaste à partir des œuvres empruntées, ils n'expliquent pas la raison pour laquelle ces œuvres s'imposaient à l'exclusion de toute autre.

Remarquons d'abord que l'Adagio de Khatchatourian, et à plus forte raison l'introduction du poème symphonique de Strauss, ont été popularisés par le film. Affirmer que Kubrick n'utilise que des « tubes » de la musique classique dénote un défaut de lecture historicisée de la réception des œuvres. Celles-ci ne peuvent donc guère interférer avec l'expérience des spectateurs.

Cela posé, pour tenter de comprendre les raisons de l'éviction de North, commençons par rappeler la manière dont Kubrick justifie son choix : « C'est un tel pari que de commander une partition originale. Elle est toujours faite au dernier moment, et si elle ne vous convient pas, vous n'avez jamais le temps de changer »[1]. Cet argument, plus recevable que celui relatif à une certaine « infériorité » des compositeurs travaillant pour le cinéma, témoigne de la volonté de liberté qui caractérise le cinéaste. L'utilisation d'œuvres existantes lui permet de ne pas dépendre de la sensibilité d'un compositeur et d'élaborer son film en fonction de réalités sonores préalablement définies.

En outre, l'utilisation d'œuvres connues telles que *Le Beau Danube bleu* est source de l'humour qui teinte la séquence spatiale, dû au détournement de l'œuvre célèbre dans un contexte tout à fait inattendu. La subversion des codes relève d'une double nature : cinématographique, car la pièce ne correspond pas aux codes de la science-fiction, et musicale, car la présence d'une œuvre existante est incongrue et se confronte à l'expérience personnelle qu'en ont les spectateurs. Les interférences culturelles sont nécessaires à l'effet voulu, elles sont constitutives de la démarche artistique de Kubrick, ce qui sera encore plus évident dans le film suivant, *Orange mécanique*, avec le poids accordé à la *Neuvième Symphonie*.

Enfin, pour comprendre ce qui semble être la raison principale de ce choix, il faut prendre en considération la fonction des œuvres utilisées par le cinéaste lorsqu'il pensait encore employer North.

---

1. S. Kubrick, entretien avec M. Ciment, « Deuxième entretien/1976. *Barry Lyndon* », art. cit., p. 175.

Lors du montage d'un film, il est très utile de pouvoir essayer différentes pièces musicales pour voir comment elles fonctionnent avec la scène. Quand j'ai terminé le montage de *2001 : l'odyssée de l'espace*, j'ai rassemblé les *temporary music tracks* dont la plupart ont été finalement utilisées dans le film[1].

Les *temp tracks*, outre leur intérêt selon Kubrick pour tester l'efficacité d'une séquence, sont surtout des sortes de modèles dont les compositeurs doivent s'inspirer pour écrire la musique d'un film. Ainsi, les œuvres de *2001*, conçues comme temporaires, sont finalement devenues définitives, esquisses élevées au rang d'œuvres achevées. Que la musique soit antérieure ou postérieure à l'élaboration de la séquence, il semble que, pour Kubrick, l'empreinte sonore sur le visuel ne pouvait être modifiée sans dénaturer l'image. Selon le réalisateur, ces choix esthétiques ne peuvent être rationalisés et, en ce qui concerne la musique, semblent d'abord relever d'une sorte d'évidence, d'une affinité intuitive avec l'image. Malgré cela, la décision de rompre avec l'usage traditionnel, loin d'être immédiate, fut le fruit d'une odyssée personnelle de Kubrick qui décida de conserver les modèles originaux alors que North avait déjà écrit un ensemble de pièces savamment composées.

Quoi qu'il en soit, le génie du cinéaste semble moins tenir au principe d'appropriation, dont on trouve d'ailleurs plusieurs antécédents dans le cinéma européen, notamment en Italie avec des films tels que *Huit et demi* (Fellini, 1963)

1. S. Kubrick, cité par G. D. Phillips, dans « Music in *2001 : A Space Odyssey* », *in* A. Castle (éd.), *The Stanley Kubrick Archives*, Taschen, 2005, p. 390.

ou *Sandra* (Visconti, 1965), qu'à sa manière très personnelle d'utiliser les œuvres empruntées, fondée sur cette dialectique entre sens en soi et sens cinématographique qui multiplie leur potentiel symbolique et constitue l'un des piliers de son style musical.

Il est pourtant une différence fondamentale entre *2001* et les appropriations musicales antérieures, qui rendait d'autant plus nécessaire la conservation des *temp tracks*. Car si North pouvait écrire des pièces à la manière des trois œuvres tonales décrites précédemment, il ne pouvait en revanche suivre les vues de Kubrick au-delà du monde de la tonalité. Il lui eut fallu s'approprier un langage absolument nouveau, celui de György Ligeti, compositeur avant-gardiste dont les œuvres atonales aux sonorités fantastiques offrent de grandes possibilités expressives.

Chapitre III

MÉTAPHYSIQUE DE L'ATONALITÉ

Pour bien comprendre le sens porté par les œuvres de Ligeti dans *2001 : l'odyssée de l'espace*, on se référera d'abord à *Shining* (1980), dont la bande musicale est en grande partie atonale. L'origine de ce choix réside dans la dimension mythique des œuvres de Kubrick, *Orange mécanique*, *2001* – «une histoire mythologique [plutôt] qu'une histoire de science-fiction »[1] –, ou *Shining*, à propos duquel le cinéaste remarque que les « histoires fantastiques [sont] très proches des contes de fées ou des mythes »[2]. Les histoires qu'il raconte puisent leurs thèmes dans l'imaginaire collectif, de portée universelle, et se parent sous sa conduite d'une hauteur archétypale.

1. S. Kubrick, entretien avec R. Walter, « De *Killer's Kiss* à *2001 : l'odyssée de l'espace* », art. cit., p. 11.
2. S. Kubrick, entretien avec M. Ciment, « Troisième entretien/1980. *Shining* », dans M. Ciment, *Kubrick*, *op. cit.*, p. 181.

Cette volonté apparaît dans le caractère synthétique de *Shining* qui unifie les grandes tendances du fantastique et en rassemble les thèmes et figures caractéristiques, tels la métempsychose, la télépathie, le pacte faustien avec le diable[1], etc. Les références aux contes ancrent l'histoire dans une culture populaire millénaire qui trouve en ces récits faussement naïfs, aux vertus édifiantes, des réponses aux interrogations fondamentales d'une civilisation. Ce sont les miettes de pain, référence au Petit Poucet, que voudrait semer Wendy dans la vaste cuisine, la chambre 237 et son aura délétère évoquant celle où Barbe bleue cachait ses victimes, la menace du loup à l'adresse des trois petits cochons récitée par Jack alors qu'il s'apprête à détruire la porte de bois protégeant Danny et sa mère. C'est aussi l'importance donnée au labyrinthe qui, comme le note Michel Ciment, « donne une nouvelle dimension mythique à l'histoire »[2]. Symbole des méandres de la *psyché* humaine, il est surtout le lieu de l'affrontement de la lumière contre les ténèbres, du héros Thésée contre le Minotaure, où Danny, suivant le fil d'Ariane formé par ses pas dans la neige, triomphera de son père qui, se mouvant pesamment telle une bête, mugissant et fulminant, deviendra l'incarnation de la créature légendaire.

Shining est l'expression d'un certain poids de l'Histoire, d'un passé immémorial dont l'origine se perd dans le temps. C'est un monde d'esprits, ceux des anciens habitants de l'hôtel, mais aussi des Indiens dont la construction du

1. Voir à ce sujet le résumé exhaustif de J.-L. Bourget dans son article « Le territoire du Colorado », dans G. Ciment (dir.), *Stanley Kubrick, op. cit.*, p. 149.

2. M. Ciment, *Kubrick, op. cit.*, p. 146.

bâtiment a profané les sépultures, autant d'âmes errantes tapies sournoisement dans l'ombre, prêtes à troubler l'existence des vivants.

Les vues aériennes du générique initial découvrent un vaste paysage dans lequel une voiture serpente sur une route de montagne sinueuse. Elle semble minuscule dans cet environnement plus froid et hostile à mesure que Jack progresse vers l'hôtel Overlook, comme dominé par des forces transcendantes qui le dépassent. Le *Dies irae* (*jour de colère*), arrangé par Wendy Carlos et Rachel Elkind pour synthétiseur, emplit l'espace sonore en figurant une présence funeste et irrésistible :

Il s'agit d'une mélodie de plain-chant en mode de *la* associée au texte du Jugement dernier dans la Messe de Requiem. Cet hymne grégorien évoque déjà par sa nature archaïque la dimension mythique du film. Son caractère implacable tient notamment à l'unicité de ses valeurs rythmiques, évoquant une marche inexorable. Mais l'originalité de cette pièce réside surtout dans son accompagnement, riche palette sonore de tintements métalliques, suintements, souffles, puis d'inquiétants sons de voix évoquant des plaintes, psalmodies rituelles ou youyous, dont l'importante réverbération renforce l'étrangeté.

Shining repose sur l'un des principaux archétypes du cinéma d'horreur défini par Éric Dufour comme le *monde possible*. Kubrick recherche un équilibre subtil

« entre le psychologique et le surnaturel »[1] en découvrant progressivement la présence d'une engeance malfaisante bien réelle, indépendante de l'esprit torturé de Jack Torrance, jusqu'au basculement dans le surnaturel lorsque celui-ci est libéré de la réserve où il est enfermé par la seule volonté de l'hôtel. Le monde possible,

> c'est ce qui soudain nous indique peut-être une profondeur insoupçonnée du réel, c'est la possible manifestation d'un envers du monde qui en est peut-être l'essence réelle derrière la tranquillité apparente[2].

C'est la prise de conscience d'une véritable *intentionnalité* de l'hôtel et d'un mal intemporel qui en émane, de la résurgence d'un passé immémorial. Ce monde qui sourd de la surface des choses connues, c'est le son qui le rend effectif, avec ces plaintes terrifiées, ces hurlements déchirant le silence, figurant avant toute représentation visuelle – les visions de Danny – ce monde informe et tortueux. Si l'on peut reprocher à cette musique *d'en dire trop*, d'être trop explicite par rapport au drame à venir, on ne peut en revanche nier ses qualités expressives et symboliques.

Le rôle dévolu à la musique de Carlos se transmet ensuite aux œuvres modernes empruntées à Bartók, Ligeti et Penderecki, dont les pièces très différentes sont unifiées par une même esthétique atonale. Ces œuvres reposent sur un principe propre au XXe siècle établissant une rupture franche par rapport à la tradition, celui de la désintégration du temps

---

1. S. Kubrick, entretien avec M. Ciment, « Troisième entretien/1980. *Shining* », art. cit., p. 185.
2. E. Dufour, *Le cinéma d'horreur et ses figures*, Paris, Presses universitaires de France, 2006, p. 93.

musical. La tonalité (du XVIIᵉ au XIXᵉ siècle), en tant que système, reposait sur un ensemble de règles génétiques organisant la construction de la forme. Une œuvre tonale se déploie à partir du ton principal vers d'autres tonalités entretenant avec lui des rapports hiérarchiques, avant de se conclure par la réaffirmation du ton principal. On parle d'une temporalité continue et intégrée : la sensation de durée est rendue possible par la compréhension du devenir musical organisé rationnellement selon ces règles fondatrices.

L'atonalité, libérée de la causalité tonale, peut se développer spontanément, en créant ses propres règles de génération, sa propre forme. La dialectique claire entre tension et détente, entre ton principal et tons secondaires du système tonal offre de nombreux repères qui organisent le devenir musical, la temporalité de l'œuvre, alors que les œuvres atonales semblent dépourvues de direction, fractionnées en une multitude de fragments possédant chacun leur propre temporalité[1]. Selon Michel Imberty, « le morcèlement et les dissymétries surprennent le sujet à chaque instant du devenir »[2], le sentiment de durée se perd dans des circonvolutions sonores imprévisibles. La réalité auditive de ces œuvres donne une impression de désorganisation, de discontinuité, comme si la matière sonore ne suivait aucune loi, aucune règle qui la régirait.

---

1. On exclut par souci de simplification l'œuvre de Debussy qui révolutionne le temps musical par la modalité, donc qui demeure tonale au sens large (toute musique fondée sur un centre tonal autour duquel s'organisent les relations de sons).

2. M. Imberty, *Les écritures du temps*, Paris, Dunod, 1981, p. 109.

Cette nouvelle temporalité révèle le potentiel symbolique que peuvent revêtir de telles musiques. Parfois très organisées [1], elles évoquent paradoxalement la désorganisation, comme si la matière sonore n'était pas encore domestiquée par la main de l'homme créateur. C'est le cas des œuvres de Penderecki, *De natura sonoris* ou *Polymorphia*, trames sonores sans cesse métamorphosées, élaborées à partir d'effets sonores novateurs au caractère bruitiste, tranchants ou nébuleux. Selon un renversement temporel remarquable, la musique moderne invoque un mode d'existence antérieur, primitif.

On a reproché au réalisateur de surutiliser ces œuvres modernes. Pourtant, Kubrick aurait eu tort de minimiser leur usage, apte à susciter l'angoisse. On s'étonne par exemple, dans *L'Exorciste* (Friedkin, 1973), de la très faible utilisation des œuvres contemporaines, dont celle du même Penderecki. Mais c'est surtout la capacité de ces musiques à représenter au sens strict une altérité, une réalité insidieuse, qui justifie leur présence [2]. De plus, cette utilisation massive permet de rendre d'autant plus effrayant l'assassinat d'Halloran, dont un montage alterné griffithien nous faisait pourtant attendre et espérer l'arrivée salvatrice, accompagné par le seul mugissement sinistre du vent hivernal, illusion de silence saisissante après le flot musical presque continu.

---

1. On pense par exemple au dodécaphonisme sériel de la seconde école de Vienne.

2. L'altérité est autant intérieure qu'extérieure pour Jack Torrance dont la personnalité est écartelée entre les différents âges de l'hôtel. Schizophrène, étranger à lui-même, il est souvent associé à la figure du miroir, symbole du double, de la dualité de l'esprit.

Après le meurtre du cuisinier, les forces de l'hôtel vont se déchainer, le monde possible va enfin faire surface dans toute son horreur, alors que Wendy erre dans les corridors à la recherche de Danny, terrifiée par la matérialisation des esprits. Kubrick utilise *Utrenja* et ses chœurs susurrant et psalmodiant, aux accents macabres, rappelant les voix plaintives du générique, ainsi que les extraits les plus angoissants des autres œuvres de Penderecki, toujours accompagnés du vent glacial.

Wendy Carlos explique que

> la musique est en partie un mélange de morceaux de Ligeti et de Penderecki. Il y a des bruits de fond, des textures, avec des battements de cœur et des sons bizarres, tout est mixé ensemble. C'est comme ça que Kubrick a obtenu ce qu'il cherchait[1].

La compositrice révèle ainsi l'attitude créatrice du cinéaste dont la conception très précise de l'effet souhaité se traduit par une grande diversité sonore amalgamant sons diégétiques, musique électroacoustique de commande et œuvres orchestrales et chorales empruntées aux compositeurs modernes. Son esthétique rappelle ici celle du compositeur Edgard Varèse qui voulait, dès le début du XXe siècle, enrichir le domaine musical par l'intégration des bruits, aux vertus sonores et expressives formidables. Kubrick réalise un vaste complexe sonore synthétique[2] pour révéler des poten-

---

1. W. Carlos, interviewée dans le film *Stanley Kubrick, A Life in Pictures*, de J. Harlan, 2001.
2. L'unité de la bande sonore est d'ailleurs encore plus affirmée dans la version américaine, avec une utilisation beaucoup plus importante de la musique de Carlos (sons vocaux et bruit de pouls).

tialités visuelles sous-jacentes et affirmer la dimension mythique de son récit fantastique.

Le premier récit de *2001*, « L'Aube de l'humanité », voit apparaître une entité extraordinaire. Des sons étranges dont on ne peut d'abord définir la nature – musique ou bourdonnement diégétique – parviennent aux oreilles de Guetteur de Lune qui émerge de son sommeil. Peu à peu, les cris des singes se réveillant emplissent l'espace sonore. Le monolithe, structure géométrique uniformément noire, se dresse de toute sa hauteur devant eux. Par-dessus ces cris, les sons initiaux ont enflé progressivement pour atteindre bientôt leur paroxysme, affirmant leur nature musicale.

Ces sonorités fantastiques sont celles du *Kyrie*, l'une des pièces du *Requiem* de Ligeti, construit selon le principe de la micropolyphonie : une grande diversité de voix mélismatiques autonomes s'agrègent dans de vastes tissus chromatiques. Il s'agit d'une matière sonore foisonnante, agencée en clusters dissonants de plus en plus denses et complétés de notes tenues des instruments, partant du registre médium pour croitre vers l'aigu et le grave dans une ampleur sonore inouïe, inconnue du monde du cinéma. Kubrick a augmenté la vitesse de la musique pour, semble-t-il, faire correspondre le climax de l'extrait – la saturation du registre aigu suivie d'une coupure brutale opérée par le cinéaste qui en renforce l'impact et l'aspect surréaliste – avec le dernier plan de la séquence, le monolithe en contreplongée totale sur fond de ciel rougeoyant dans un alignement parfait avec le Soleil et le croissant de Lune, nouvelle figure prophétique de la conjonction.

Dans *2001 : l'odyssée de l'espace*, le choix des œuvres de Ligeti réside dans la notion d'altérité. Kubrick et Clarke ont imaginé une entité non figurative, une simple forme géométrique échappant à toute vision anthropomorphe nécessairement triviale, pour donner une image à l'indicible, pour figurer une forme d'existence transcendante dont toute représentation explicite en diminuerait la portée symbolique. Le *Requiem* de Ligeti explore des univers sonores encore vierges, inédits, aptes à évoquer le mystère de cette présence incommensurable. Sa structure profonde, insondable, fait écho à la nature ineffable de la figure mythique. Le statut de la musique, lui-même indistinct, oscille entre diégétique et extradiégétique, hésitant entre une réelle émanation sonore du monolithe ou une aura uniquement symbolique. Le sentiment de tension qu'accompagne toute représentation du sublime trouve également son prolongement dans le *Requiem* et ses édifices micropolyphoniques, troublantes nouveautés sonores qui possèdent aussi une dimension psychologique en reflétant l'agitation craintive des hommes-singes. L'œuvre moderne est enfin l'expression d'une certaine magie de l'apparition fabuleuse, autre réalité du chef-d'œuvre de science-fiction[1]. Encore une fois, la musique chez Kubrick relève à la fois de la poésie la plus immédiate et de la spéculation la plus abstraite.

La grande odyssée cinématographique du cinéaste s'édifie à partir d'une énigme absolue. Le film ne débute pas par le générique et sa musique straussienne postromantique, mais par un écran uniformément noir accompagné de l'œuvre orchestrale de Ligeti, *Atmosphères*, musique pure débarrassée ici de toute figuration visuelle qui influencerait

---

1. Voir l'entretien avec J. Gelmis, « The Film Director as Superstar. Stanley Kubrick », art. cit., p. 96.

sa perception, où sens cinématographique et sens en soi fusionnent pour ne former qu'un. Selon les termes du compositeur, cette œuvre est une « surface sonore absolument immobilisée »[1], une construction de timbre évacuant tous les fondements de la tonalité, l'intervalle, le rythme et l'harmonie. Elle représente un cas limite dans l'histoire de la musique, dépourvu de tout vecteur dynamique qui en orienterait l'audition, dont le statisme extrême « éveille l'impression de s'écouler continûment, comme si [l'œuvre] n'avait ni début ni fin »[2].

Mais cette première image est-elle vraiment dépourvue de toute dimension figurative ? S'il fallait trouver un sens à l'écran noir impénétrable qui, pendant près de trois minutes, dénie le temps lui-même tel un trou noir, ce serait sans doute le *vide*. Or, *Atmosphères*, édifice sonore singulier, est plus que toute autre désignée pour évoquer, par l'absence de repères et de tout dynamisme, l'immobilité originaire insubstantielle, le néant antérieur à toute forme d'existence, la genèse de l'univers. Plus encore que dans *Shining*, la musique atonale du compositeur hongrois recèle une dimension cosmogonique.

Ainsi, le sens porté par la musique atonale apparaît double, symbolisant tour à tour le mythe de l'existence transcendante, omnisciente, et celui de la création du monde et de la vie. Si l'on conçoit rétrospectivement l'image initiale – simple rectangle noir – comme la représentation la plus abstraite du monolithe lui-même, conçu comme le *Tout*,

---

1. G. Ligeti, entretien avec J. Häusler, « D'*Atmosphères* à *Lontano* », dans D. Jameux (dir.), *Musique en jeu* n° 15, *Forum de musique contemporaine I : Stockhausen, Berio, Ligeti*, Paris, Seuil, 1974, p. 114.

2. *Ibid*, p. 110.

l'infini, l'univers lui-même, ces mythes jumeaux fusionnent en une seule et même idée. Mais peut-être vaut-il mieux refuser de réduire le sens de l'image à une univocité qui en pervertirait la puissance allégorique. La signification de l'atonalité elle-même ne peut être réduite à sa seule portée mythique, car Kubrick refuse le cloisonnement sémantique entre les esthétiques musicales. En effet, la pièce *Lux aeterna* de Ligeti est utilisée comme une musique descriptive, atmosphérique, dont l'écriture micropolyphonique ténue et vacillante telle la flamme de la *lumière éternelle* qu'elle veut évoquer magnifie les paysages lunaires et leur beauté aride.

Ce qui rassemble ces trois œuvres, on l'a vu, c'est leur temporalité désintégrée, mais c'est également leur capacité à démultiplier l'espace, seconde caractéristique marquante de la musique moderne qui porte un intérêt croissant à la spatialisation des sons. Chez Ligeti, la répartition des nuances, des hauteurs et des timbres – perçants ou feutrés – permet de moduler l'espace sonore qui peut se recroqueviller sur lui-même ou enfler démesurément, de figurer un éloignement ou une proximité enveloppante. Si le son en général peut dilater l'espace clôt de l'image par sa capacité à englober la perception, cette caractéristique est renforcée par les structures internes des œuvres de Ligeti. *Atmosphères* donne à l'image énigmatique initiale une profondeur et une étendue plus grande par ses clusters orchestraux qui inondent la perception auditive. Le *Requiem*, par la prolifération sonore et la saturation du registre aigu, figure un vaste espace débordant les limites du cadre, alors que la ténuité de *Lux aeterna* contraste avec l'immensité lunaire.

L'espace et le temps sont des thèmes fondamentaux de *2001*. Kubrick s'appuie sur l'apesanteur pour déstructurer l'espace dans les scènes à l'intérieur des vaisseaux, dans la centrifugeuse de Discovery, et surtout dans la séquence de la porte stellaire qui crée la profondeur par la perspective des formes colorées défilant devant l'astronaute, pour mieux désintégrer ensuite l'espace avec les négatifs colorés de paysages aériens. La temporalité de l'odyssée se caractérise par une grande discontinuité narrative et une lenteur démesurée où le temps se perd. Le dernier récit, « Jupiter et au-delà de l'infini », est tout entier fondé sur le thème de la dislocation du temps. C'est d'abord dans l'histoire qu'il se fragmente, lorsque Bowman est propulsé dans une nouvelle dimension où les lois spatio-temporelles ne semblent plus avoir cours, puis parvient dans un lieu étrange, mêlant des décors évoquant le XVIIIe siècle à un parterre lumineux futuriste, alors que lui-même s'observe à différentes phases de son existence pour renaître finalement. C'est aussi dans la forme cinématographique que le temps se disloque, au niveau visuel, dans la séquence du voyage de l'astronaute au-delà de l'infini où différents moments se succèdent sans liens de causalité, mais également au niveau sonore. La bande musicale joint *Atmosphères* au *Requiem* et leur temporalité désintégrée, faisant se rencontrer les deux grands mythes de l'odyssée.

Les deux œuvres forment une seule et même grande pièce dont l'enchaînement est soigneusement synchronisé avec l'image : aux teintes rouges de plus en plus lumineuses se substituent des teintes vertes plus informes par l'intermédiaire d'un bref plan de coupe stylisé sur le visage de Bowman. Cette synchronisation suggère une autre forme de résonance avec l'image. Selon Ligeti, *Atmosphères* est « par excellence une composition de couleurs sonores » [1]. Musique et image, dans une véritable union fusionnelle, font voir et entendre des couleurs qui se mélangent.

Ainsi parlait Zarathoustra, mais surtout les œuvres contemporaines de Ligeti, révèlent une caractéristique essentielle du style de Kubrick, l'utilisation de la musique à un très haut niveau conceptuel. La musique donne une image à l'ineffable, à l'incommensurable, réalité ultime contenue dans la figure éthérée du monolithe. Dans l'énigme initiale de l'écran noir, rarement une musique de film ne s'est tant approchée d'une nature performative, créatrice d'un sens symbolique par sa seule existence. Masse sonore en ébullition non encore maîtrisée par l'intelligence humaine, *Atmosphères* est la réalité originaire dont tout procède. Ce que l'image visuelle ne peut dire, l'image sonore peut le dévoiler, conduisant le spectateur vers des dimensions poétiques et symboliques extraordinaires.

Trois fois, le *Requiem* accompagnera le monolithe, auprès des hommes-singes, dans le cratère Tycho sur la Lune, puis aux abords de Jupiter avant le voyage inter-stellaire de Bowman. Mais la musique atonale, anhar-monique et athématique de Ligeti, pure équivocité, n'enveloppe plus sa dernière apparition près de l'astro-naute mourant. Métaphore de l'altérité, cette musique n'a plus lieu d'être, comme le monolithe lui-même, dispa-raissant après un travelling avant qui nous plonge litté-ralement en lui, symbole de l'union de l'homme avec l'univers. Car la transfiguration de l'humain réside justement

---

1. Ligeti, entretien avec J. Häusler, « D'*Atmosphères* à *Lontano* », art. cit., p. 111.

dans l'union réalisée entre l'esprit et le monde, en une forme d'intelligence surhumaine qui abolit toute dualité en parvenant à une connaissance absolue de la totalité. Accompagné par la musique de Richard Strauss – unification de la diversité sonore réalisée par et dans le système tonal –, le fœtus astral, la plus sublime des métaphores, est cette conscience pure de l'univers se rencontrant lui-même.

CHAPITRE IV

LA MUSIQUE FORME DES MONDES

Les constructions sonores des films de Kubrick sont de véritables mondes dont le sens se construit à partir de la confrontation des œuvres musicales, entre elles ou avec l'image. Mais cette notion de monde n'est pas étrangère à la musique du classicisme hollywoodien, dont l'étude succincte éclaire la véritable nouveauté du style de Kubrick.

Avec *Symphony of Six Million* (La Cava, 1932) puis *King Kong* (Cooper et Schoedsack, 1933), Max Steiner établit la forme canonique du style hollywoodien classique dans des partitions complexes qui surpassent en ampleur toutes les productions antérieures. Le compositeur s'inspire de la forme de l'opéra wagnérien, fondé sur un discours en constante évolution dont la cohésion est assurée par un ensemble de leitmotive, courts thèmes symbolisant un personnage, un sentiment ou même une idée philosophique, dont les apparitions et les confrontations construisent le sens de l'œuvre. Pierre Berthomieu définit une composition de Steiner comme une symphonie narrative composée de couches orchestrales, de thèmes, de motifs, et de segments descriptifs. [...] Ses musiques sont, dans la production de l'âge d'or, les œuvres les plus construites, les plus denses, les plus soucieuses de détails dramatiques et narratifs[1].

Il s'agit bien de véritables mondes sonores dont la forme architecturale est calquée sur le déroulement narratif. La subordination de la temporalité musicale à celle de l'image entraine un morcèlement de la musique en courts éléments pour suivre au plus près la progression de l'action. Selon la technique du *mickeymousing*, la musique, très synchronisée à l'image et proche du bruitage, se veut l'exacte traduction de ce qui apparaît à l'écran. Mais la nature intégratrice du système de Steiner pourra toutefois assimiler cette pluralité dans une trame sonore unificatrice et rassembler diverses influences pour former de grandes partitions synthétiques.

Tout d'abord, on remarque que Kubrick n'évacue pas totalement la forme hollywoodienne puisqu'il conserve l'usage symbolique de la musique. Cependant, le réalisateur substitue à la continuité unificatrice classique une importante discontinuité obtenue en premier lieu par les contrastes stylistiques entre les œuvres, qui opposent leur esthétique (tonalité ou atonalité), leur mode d'écriture (mélodique, harmonique, micropolyphonique), leur temporalité (intégrée ou morcelée), leur spatialité, etc. Le système de Steiner est fondé sur la clarté et l'affirmation mélodique, support des réseaux symboliques, alors que chez Kubrick la mélodie n'est qu'un artifice expressif dans un ensemble plus vaste, ne

---

1. P. Berthomieu, *La musique de film*, *op. cit.*, p. 24.

caractérisant que l'Adagio de *Gayaneh* (mélodie seule) et *Le Beau Danube bleu* (mélodie harmonisée).

En effet, les mondes de Kubrick s'ouvrent à des univers sonores inconnus, accentuant les contrastes entre les œuvres, contrairement au classicisme tourné principalement vers le symphonisme néoromantique, pure positivité. L'atonalité n'est pas tout à fait nouvelle en science-fiction ; elle est inaugurée notamment avec la bande originale de *Planète interdite* (Wilcox, 1956), composition électronique bruitiste de Louis et Bebe Barron. Kubrick sera légèrement pris de vitesse par la sortie de *La Planète des singes* (Schaffner, 1968), dont les pièces symphoniques à l'atonalité nerveuse de Jerry Goldsmith sont une représentation avérée d'un monde tribal et violent, d'un état antérieur de l'humanité, prétechnologique. Il est intéressant de constater l'incroyable convergence des réflexions sonores de Kubrick et Goldsmith, qui confirment notre lecture du symbolisme de l'atonalité dans *Shining* et *2001*. D'ailleurs, des films aussi différents que *La Maison du diable* (Wise, 1963) et *Paris nous appartient* (Rivette, 1961), aux bandes sonores fortement teintées d'atonalité, reposent tous deux sur la figure du monde possible, l'intentionnalité de la maison pour le premier, le Mal et le complot politique pour le second. Ainsi, la nouveauté de Kubrick tient moins à l'utilisation d'œuvres atonales qu'à l'ampleur inégalée des œuvres choisies, ainsi qu'au haut niveau d'abstraction – infini cosmique, ineffable – auquel ces œuvres se réfèrent. Le monde de l'atonalité correspond bien à la personnalité de Kubrick, cinéaste du pessimisme et de l'équivocité.

Ses mondes sonores s'ouvrent également aux bruits, comme on l'a vu dans *Shining*. Si ces préoccupations sont inexistantes durant l'âge d'or d'Hollywood, elles sont en revanche très présentes chez les cinéastes européens tels que Tarkovski ou Antonioni dans *Désert rouge* (1964), qui recherchent la fusion entre musique et bruits pour parvenir à l'expression d'une sonorité organique du monde dans laquelle la musique se dissout. Dans un mouvement différent, Kubrick façonne certains bruits diégétiques pour leur donner une dimension musicale. C'est le tricycle de Danny, entendu à trois reprises, dont l'alternance des bruits assourdissants ou feutrés, lorsqu'il roule sur le parquet ou les tapis dans les longs corridors de l'hôtel, finit par créer un rythme, une musique obsessionnelle. L'utilisation du son mugissant du vent dans la scène où Jack, enfermé dans la réserve – lieu clôt a priori imperméable aux bruits extérieurs –, négocie avec Grady, montre que le son dépasse sa fonction diégétique pour se parer d'une stylisation proprement musicale.

Mais les sons les plus frappants sont les bruits de respiration obsédants des astronautes de la navette Discovery qui renforcent la ténuité du lien qui les rattache à la vie et créent un suspense insoutenable lorsque l'ordinateur Hal devient dangereusement menaçant. Ces sons, enregistrés proche du micro et accentués par le mixage qui les fait entendre fort, les rendant ainsi très pénétrants, semblent englober le spectateur, envahir son esprit en figurant l'environnement claustrophobe de la capsule et de la combinaison spatiale. Nulle musique au plus fort de l'action, seulement cet élément sonore très élaboré qui seul crée la tension. Chez Kubrick, les bruits conservent leur statut tout en se parant, par leur richesse et leur importance en termes de mixage ou de durée, d'une dimension musicale.

La confrontation, celle des leitmotive dans le style de Steiner, devient dans l'œuvre de Kubrick l'opposition de pôles, d'univers sonores antagonistes sur lesquels se construit la structure de la bande sonore. La valse, *Lux aeterna* et l'Adagio, associés à des séquences de voyage comme le remarque Michel Chion[1], à des moments sans action non nécessaires à l'économie narrative, mettent en valeur la fragmentation du récit en colorant spécifiquement l'une des quatre parties du film. Au contraire, *Ainsi parlait Zarathoustra*, lui aussi lié, quoique métaphoriquement, à l'idée de voyage, le *Requiem* et *Atmosphères* donnent une cohérence, une unité à la fragmentation narrative en mettant en regard des moments éloignés, en dévoilant leur continuité symbolique. La conception de Chion selon laquelle « les échantillons de musiques empruntées écartèlent le film »[2] ne reflète pas la réalité d'un usage divers et complexe. Contrairement à la musique du classicisme hollywoodien, homogène, fusionnée avec la structure narrative, l'hétéro-généité des œuvres de *2001* met en lumière les libertés structurelles de la musique dotée d'une relative autonomie par rapport à l'action, accentuant le morcèlement narratif ou générant l'unité par les renvois qu'elle effectue.

Cette notion d'hétérogénéité sera très variable dans l'œuvre de Kubrick. Révélée avec *Lolita*, elle est affirmée dans *2001*, alors que la bande sonore de *Shining* se carac-térise par une grande homogénéité, atténuée seulement par la musique de bal diégétique, *Midnight With the Stars and You*, et dans une moindre mesure, par *Musique pour cordes, percussions et célesta* de Bartók, de trente ans plus ancienne que les œuvres de Penderecki. Mais le cinéaste reviendra au

---

1. M. Chion, *Stanley Kubrick, L'humain, ni plus ni moins, op. cit.*, p. 235.
2. *Ibid.*, p. 236.

principe du morcèlement, dans sa forme la plus accomplie, avec son dernier film, *Eyes Wide Shut* (1999).

Les méandres de la *psyché* humaine, thème favori du cinéaste, y sont étudiés au travers de la relation d'un couple new-yorkais aisé, confronté aux fantasmes et pulsions que leur mariage proscrit. C'est pour Kubrick le moyen de dépeindre un monde qui se voile peu à peu d'une *inquiétante étrangeté*[1], de flottements troublants, un monde où Bill semble entraîné dans une suite d'évènements singuliers, toujours suspendus avant leur terme, dont les mystères et les irrésolutions leur confèrent l'apparence de rêves éveillés.

Pour permettre ce glissement dans l'univers parallèle des fantasmes, des tabous, Kubrick a besoin de camper d'abord le monde du quotidien, de la routine dont les protagonistes sont sans cesse tentés de s'extraire. Le cinéaste a l'idée d'utiliser une valse, symbole bourgeois comme nous l'avons montré, mais adaptée à l'époque moderne et aux goûts des protagonistes par son caractère jazzy. La *Valse n° 2* de Chostakovitch extraite de la *Suite pour orchestre de variété n° 1*[2] jouit d'une popularité qui, au regard de ses qualités musicales, paraît relativement disproportionnée. Le grand Chostakovitch des symphonies et quatuors à cordes livre ici une pièce au balancement guindé, dont la mélodie très symétrique est accompagnée d'une harmonie sommaire, fondée uniquement, au début, sur des enchaînements de cinquième et premier degrés. Sans dynamisme rythmique

---

1. Concept freudien auquel Kubrick s'est beaucoup intéressé. Voir M. Ciment, *Kubrick, op. cit.*, p. 258.

2. Nommée à tort *Jazz Suite*. Le caractère anodin et désinvolte de ce recueil peut être expliqué par le ton populaire et divertissant que Chostakovitch veut lui donner.

particulier, cette valse est justement apte à évoquer tout le morne, le banal d'une existence rangée faisant se succéder les journées de travail au cabinet pour Bill et les occupations domestiques pour Alice. On découvre rapidement que la pièce est véritablement attachée à la réalité diégétique lorsque le mari l'interrompt avant le départ pour la première soirée. Cette valse, rengaine répétitive qui semble tourner en rond, c'est la ronde des jours se succédant sans éclat.

L'ambiance de départ étant établie, le travail du cinéaste consistera à faire surgir par la musique l'altérité, l'envers du monde connu, celui des songes, des doutes et des fantasmes. La transition a lieu avec la musique de la soirée chez Ziegler et les pièces suaves d'un jazz de salon, jouées par l'orchestre dans lequel Bill reconnaîtra au piano son ami Nightingale. C'est ensuite la musique rock qui nous introduit dans ce monde, avec la chanson *Baby Did a Bad Bad Thing* et la voix sensuelle de Chris Isaak sur les images du couple nu enlacé. Après les scènes quotidiennes accompagnées de la valse de Chostakovitch, cette fonction envoûtante se transmet à la pièce pour cordes *Naval Officer* de Jocelyn Pook, première des trois pièces commandées par Kubrick, modale et très expressive, entendue en sourdine alors qu'Alice, avec une intensité poignante, raconte à Bill son fantasme de Cape Cod avec le jeune inconnu. Cette trame sonore continue sera désormais associée à tous les songes du médecin imaginant sa femme aux bras de l'officier.

Mais c'est dans la grande scène au manoir Somerton, auquel accède illicitement Bill grâce au code « Fidelio » donné par Nightingale, que Kubrick utilise tout le potentiel évocateur de la musique. Elle s'ouvre sur une cérémonie savamment ordonnée, cernée d'une foule encapuchonnée, accompagnée de la pièce *Masked Ball* de Pook :

Jocelyn Pook traduit à merveille l'atmosphère du rituel par le caractère archaïque qu'elle donne à sa musique, obtenu grâce à la modalité, à la psalmodie de la voix grave, au bourdon formé par la timbale, et aux intervalles de quintes parallèles des cordes. L'étrangeté de cette pièce est renforcée par le texte de la voix d'homme, du Sri-Lankais passé à l'envers, ce qui explique le flottement rythmique de sa mélodie, que nous avons tenté de transcrire le plus précisément possible. Les nombreuses répétitions de ce fragment font naître une impression d'envoutement, de prière insistante croissant jusqu'à son paroxysme avec l'ajout de grands accords mineurs puis d'une seconde voix plus aigüe se superposant à la première, également psalmodiée et très expressive, comme implorante, sur l'accord lumineux de *do* bémol majeur. Cette musique donne une dimension grandiose et solennelle à la cérémonie.

Une seconde pièce accompagne le voyage de Bill à travers les salles successives, lieu d'ébats érotiques entre les silhouettes sombres et les jeunes filles aux corps sculpturaux. La musique païenne du rituel s'est substituée à *Migrations*, teintée d'orientalisme dans ses échelles, son instrumentation et l'usage des voix, qui n'est pas sans conférer à la scène une impression de harem.

Le troisième moment, plus fugitif, représente encore un univers sonore différent. Bill, conduit par un majordome, traverse une longue salle d'apparat, lieu de plaisirs plus platoniques entre des couples masqués dansant sur le thème lyrique du saxophone solo de *Strangers in the Night*, dans une version orchestrale aux sonorités onctueuses.

L'apothéose de cette longue séquence est bien sûr le moment du jugement où Bill, démasqué, se retrouve au centre d'une vaste pièce, entouré de silhouettes menaçantes, avant d'être sauvé par une jeune femme – Amanda comme on le comprendra plus tard – qui se sacrifie pour lui. La pièce de Ligeti utilisée par Kubrick est sans commune mesure avec les œuvres empruntées dans *2001* et *Shining*. *Musica ricercata*, achevée en 1953, date de la période hongroise du compositeur, antérieure à ses travaux au studio de Cologne et à l'avènement de son style propre. Les onze pièces de l'œuvre sont fondées sur une contrainte limitant l'utilisation des notes de la gamme chromatique. La première pièce n'utilise que deux notes, puis chaque pièce compte une note supplémentaire jusqu'au dodécaphonisme de la dernière. Kubrick utilise la seconde, qui ne compte donc que trois notes. Ligeti, déjà très inventif, parvient à écrire une pièce riche et très dramatique avec un matériau minimal.

Le premier élément est une longue phrase, fondée sur l'intervalle de seconde mineure, dont voici le début :

Le balancement sans cesse réitéré entre les deux notes donne un caractère obsédant et crée une tension par l'ignorance de la résolution, tantôt sur *fa* dièse, en suspens, tantôt sur le *mi* dièse plus conclusif. Ligeti varie ensuite les registres et les nuances de cette phrase jusqu'à une interruption, suivie de l'apparition d'une troisième note *sol* accentuée, jouée *tutta la forza*, qui perce le silence puis emplit l'espace sonore en se répétant de plus en plus vite jusqu'à former un son continu ondoyant. La pièce s'achève par la fusion des deux éléments :

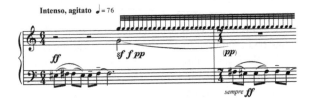

Cette musique aux sonorités abruptes, rappelant par son caractère modal (mode de mi tonique *mi* dièse) celle par laquelle l'importun entrait dans le monde étrange des fantasmagories du pouvoir, dépeint le caractère grave et hostile de l'assemblée ainsi que le trouble de l'intrus. Mais surtout, elle symbolise l'état d'esprit constant de Bill au long de l'histoire, caractérisé par l'incertitude quant à la réalité des évènements survenus. Pendant toute la scène, jusqu'à l'apparition du *deus ex machina* féminin, il ne saura si ce cérémonial n'est que mascarade ou si sa vie est réellement menacée. La musique du compositeur hongrois, par cette indécision des deux notes initiales, puis l'apparition suspendue du *sol* scandé jusqu'à l'obsession, et enfin l'oscillation des deux motifs réunis, traduit l'atermoiement du protagoniste. Comme dans les autres films de Kubrick, Ligeti figure l'altérité, l'existence d'un monde lubrique et violent auquel Bill peine à croire.

Cette musique reparaîtra à quatre reprises, chaque fois que la réalité de la soirée dans toute son horreur émerge derrière les énigmes et les incertitudes : lorsque sans s'annoncer Bill reçoit le lendemain une lettre d'avertissement devant le Somerton, lorsque la nuit venue il se sent suivi par un individu inquiétant, quand il découvre dans le journal la mort d'une « ex-reine de beauté », Amanda Curran, lorsqu'enfin il voit sur son oreiller le masque égaré. *Musica ricercata* est complétée d'une autre pièce pour piano, *Nuages gris* de Liszt, très épurée, dont l'ambiance lugubre et murmurée accompagne la scène de la morgue et la vue du corps sans vie d'Amanda.

La bande musicale de la séquence du Somerton apparaît fragmentée en quatre univers sonores contrastés, tel un rêve aux multiples facettes. Le morcèlement musical dans sa forme la plus aboutie refait naturellement surface dans un film où la fragmentation est constitutive de l'histoire elle-même. Le très vaste panel de genres musicaux s'organise en fait en deux grands pôles, celui du quotidien représenté par l'unique *Valse n° 2*, et celui du rêve dans lequel nous plongent les musiques successives jusqu'au foisonnement sonore de la soirée licencieuse.

Le soin porté par Kubrick à l'élaboration de ses mondes sonores va notamment l'amener à penser la manière de clore ces mondes, pour doter la musique du générique final d'un rôle non plus décoratif mais signifiant, d'autant plus important qu'il est la dernière impression laissée sur les spectateurs. Ainsi, c'est la valse de Chostakovitch qui achève le dernier film du cinéaste et détermine son interprétation.

Si la dernière phrase d'Alice sur la nécessité d'une relation charnelle, dont il est difficile de savoir si elle est engageante ou cynique, laissait le doute sur le caractère positif ou pessimiste de cette conclusion, la valse, par sa référence au monde morne et répétitif du quotidien, semble pencher en faveur de la seconde conception.

L'ironie kubrickienne se joue beaucoup au niveau des génériques de fin, ce que l'on avait déjà constaté dans *Docteur Folamour*. Si l'histoire de *2001* s'achève avec la transfiguration de l'homme, la musique conclusive est celle de la valse de Strauss qui semble rire autant de l'optimisme de l'œuvre cinématographique que de celui des spectateurs, emportés par l'élan triomphal d'*Ainsi parlait Zarathoustra*. *Shining* se termine avec la découverte de la photographie de 1921 sur lequel apparaît le visage de Jack, accompagnée de la chanson *Midnight With the Stars and You*, qui résonne de manière lointaine telle une musique rémanente, un vague souvenir, avec son grain sonore propre aux enregistrements vinyles, et semble moquer le scepticisme du public quant à l'existence réelle des esprits et la métempsychose du gardien. Au contraire, les films classiques, en accord avec le principe de *happy end* et de réaffirmation musicale, s'achevaient toujours sur un *tutti* orchestral, la plupart du temps sur la stabilité, l'évidence de l'accord parfait majeur.

L'étude de la musique d'*Eyes Wide Shut* révèle également le statut de la réitération musicale chez Kubrick. La musique hollywoodienne reposait sur la récurrence importante des leitmotive principaux, présentés dès le générique puis réutilisés tout au long du film, parfois plusieurs dizaines de fois. Ce principe formel donne à ces thèmes une familiarité, consciente ou non chez le spectateur, qui augmente l'impact émotionnel produit par leurs réapparitions et renforce la cohérence des structures symboliques tissées au long du film. Dans *2001 : l'odyssée de l'espace*, le cinéaste recherche davantage un équilibre entre récurrence et renouvellement. Les œuvres contemplatives associées à une histoire spécifique ne sont entendues que deux fois, alors que les pièces symbolisant la genèse du monde et la transcendance traversent chacune le film en trois moments. Une répétition plus fréquente jouera un rôle bien précis, dans *Orange mécanique*, *Barry Lyndon*, mais surtout dans *Eyes Wide Shut* où la seconde partie du film verra apparaître cinq fois *Musica ricercata*. Chez Kubrick, la réitération est l'expression lancinante de l'obsession.

En fait, le sentiment d'obsession n'est pas le seul fait de la répétition, il est savamment orchestré par Kubrick. L'idée du réalisateur est d'abord de faire enregistrer lui-même la pièce par Dominic Harlan, afin d'en choisir l'interprétation – notamment la vitesse et la durée des silences, donc de l'adapter à sa conception. Mais surtout, il synchronise soigneusement l'image à la musique pour permettre à la seconde de jouer pleinement son rôle expressif. Ainsi, l'accélération nerveuse du *sol* crée un effet de suspens lorsque Bill ouvre la lettre reçue au manoir. La note résonne tel un glas fatidique qui annonce un évènement prégnant, lorsque l'individu espionnant le médecin surgit au coin d'une rue, lorsque le protagoniste découvre avec stupeur le masque de carnaval posé sur son oreiller. Si le principe de synchronisation est en soi très banal, son intérêt réside dans l'inversion opérée par Kubrick, où la musique, habituellement calquée sur le rythme de l'image, devient à son tour le modèle sur lequel se construit le montage. Mais elle peut aussi être influencée par l'image, par exemple lors de l'arrivée théâtrale d'Amanda pendant le jugement de Bill, accentuée par un zoom fulgurant, où la pièce de Ligeti s'interrompt brusquement. C'est bien le concours des deux termes audiovisuels, et non la primauté de l'un sur l'autre, qui permet d'obtenir le maximum d'effet.

Dans *2001*, l'influence de la musique sur l'image joue sur un autre registre que sur celui de la synchronisation. Elle tient d'abord, comme nous l'avons remarqué, à la conservation des *temp tracks* originaux qui influencèrent l'élaboration de certaines séquences. Elle vient également de la capacité qu'a la musique d'exalter la sensibilité humaine. Kubrick recycle une méthode utilisée à l'époque du muet[1] en employant un « électrophone portatif pour créer l'atmosphère »[2] et magnifier le jeu des acteurs. La musique stimule le geste créateur, celui de l'acteur et du cinéaste, elle contribue à la construction de réalités visuelles auxquelles elle est indéfectiblement liée.

L'affirmation selon laquelle la musique joue chez Kubrick un rôle primordial est en soi un truisme, puisque cela a toujours été le cas, autant dans le muet que dans le classicisme hollywoodien. L'originalité des mondes sonores du cinéaste trouve sa source dans un nouveau statut de la musique, non plus postérieure mais contemporaine à la création. Musique et image procèdent d'un même geste artistique et se mêlent de diverses manières au fil des œuvres pour atteindre des sommets d'expression.

La musique ne flotte pas entre l'écran et le public, indifférente ou « en dehors »[3] de l'histoire, elle n'est en rien

---

1. M. Chion, *La musique au cinéma, op. cit.*, p. 42.
2. S. Kubrick, entretien avec R. Walter, « De *Killer's Kiss* à *2001 : l'odyssée de l'espace* », art. cit., p. 15.
3. M. Chion, *La musique au cinéma, op. cit.*, p. 346.

détachée de l'image. Dans une dialectique subtile entre distance et proximité, son émancipation par rapport à l'action, opposée au principe classique, ne l'empêche pas d'être attachée génétiquement à l'image, mais aussi symboliquement, et enfin structurellement, à l'échelle macroscopique dans *2001*, ou microscopique dans *Eyes Wide Shut* avec la synchronisation de *Musica ricercata*. Concevoir les choix du cinéaste comme l'affirmation de la contingence de la musique au cinéma constitue soit une évidence, car toute musique extradiégétique est contingente, soit une erreur dans la mesure où ces choix témoignent au contraire de liens forts entre image et musique, ce qui désigne les œuvres utilisées, sinon comme péremptoires, du moins comme particulièrement adéquates. La musique chez Kubrick n'est pas le lieu du vague ou de la contingence, mais de la certitude la plus absolue.

CHAPITRE V

L'AFFIRMATION MUSICALE

Après avoir exploré le monde de l'infini cosmique, celui des mythologies et des esprits de l'au-delà, puis celui des rêves et fantasmes, un nouveau monde nous plonge au cœur du siècle des Lumières. La musique de *Barry Lyndon* est elle aussi organisée autour de deux pôles principaux. Le premier correspond à la jeunesse de Redmond Barry, c'est l'univers populaire de la paysannerie irlandaise dépeint par la musique traditionnelle du groupe The Chieftains, introduit par la romance *Women of Ireland* du compositeur Sean O'Riada :

L'intervalle expressif de septième formé par le geste ascendant initial, les rythmes flottants, difficiles à retranscrire, et les appogiatures de ce beau thème en mode de *ré*, joué d'abord au violon, confèrent un charme pastoral à la scène romantique entre Barry et sa cousine Nora. Une musique diégétique plus dynamique, *Piper's Maggot Jig*,

accompagne la scène du bal champêtre. Enfin, le chant
esseulé *The Sea Maiden,* joué par la cornemuse irlandaise
puis complété de la flûte, se joint au départ de Redmond
pour le grand monde. La musique traditionnelle est avant
tout un état d'esprit, c'est l'insouciance du jeune et modeste
roturier dont l'âme n'est pas encore dominée par le joug de
l'ambition.

L'intérêt porté à la musique folklorique doit être mis
en rapport avec l'importance de la culture populaire dans
les films de Kubrick. Dans le domaine musical, cette
influence est l'une des caractéristiques des mondes sonores
du cinéaste. La musique populaire, notamment la chanson,
est souvent associée aux thèmes jumeaux de l'enfance et du
pays natal. C'est le cas dans *Barry Lyndon* comme dans *Les
Sentiers de la gloire* et sa scène finale émouvante où la
bestialité et la lubricité des soldats français sont éteintes par
l'émotion que leur procure la voix craintive d'une jeune
Allemande chantant *Le Hussard fidèle.* L'âme du chant
populaire dépasse les nationalités, c'est pourquoi ce thème
germanique « qui leur rappelle leur foyer, la part la plus
honorable de leur existence »[1] peut émouvoir les soldats,
recouvrant un peu de leur naïveté perdue. Les *marines*
américains de *Full Métal Jacket* chantent la *Marche de
Mickey Mouse* au milieu de Huê dévastée, comme pour
exorciser le mal et la violence qui est en eux. Enfant également l'ordinateur Hal, vidé de sa substance intellectuelle
par Bowman, dont le dernier souvenir sera la chansonnette
Daisy Bell qu'il entonne avant de sombrer dans le silence.

---

1. S. Kubrick, entretien avec J. Varela, « Conversation with Stanley
Kubrick », *in* A. Castle (éd.), *The Stanley Kubrick Archives, op. cit.,* p. 312.

Dans ce dernier cas, on peut parler avec Michel Sineux de « régression infantile »[1] létale.

La transition entre le monde verdoyant de l'Irlande natale et celui des cours européennes sera réalisée par de nouveaux thèmes populaires beaucoup moins lyriques accompagnant les tribulations militaires de Redmond, *Lilliburlero* puis *British Grenadiers* qu'on reconnaît pour l'avoir entendu lors de la parade du capitaine Quin. Nouvelle confrontation expressive, cet air crée par sa légèreté espiègle un décalage cynique par rapport à l'ordonnance mécanique impitoyable de l'affrontement avec la troupe française. La fuite de Barry en territoire prussien est relayée par la marche germanique *Hohenfriedberger,* alors que seuls quelques échos des premiers thèmes subsistent dans ce monde sonore martial, lorsque Barry songe au pays natal ou lors de sa brève idylle avec la jeune Lischen.

Après la guerre, Mozart et sa « Marche » d'*Idoménée* nous introduit dans le monde de la noblesse que Redmond touche enfin du doigt grâce au sauvetage héroïque du capitaine Potzdorf, monde de l'argent, du jeu, du vice et de la corruption. Désormais, la seule musique entendue sera savante. Comme dans *Eyes Wide Shut*, la musique tisse une longue trajectoire pour nous amener d'un univers à un autre. Pourtant, dans cette progression continue, un élément immuable traverse l'œuvre jusqu'à son terme.

On l'a vu, le thème du destin est au centre de l'œuvre de Kubrick, dont les héros sont souvent aux prises avec des forces qui les dépassent. Cette négation du libre arbitre peut expliquer le goût du cinéaste pour le genre de la marche

---

1. M. Sineux, « Maestro, musique !... », art. cit., p. 40.

funèbre, symbole par sa métrique binaire implacable et son ton dramatique de l'avancée inexorable du destin auquel nul ne peut se soustraire. On pense à la marche de Purcell dans *Orange mécanique*, l'arrangement de *When Johnny Comes Marching Home* dans *Docteur Folamour* et, par extension, aux œuvres graves au rythme irrépressible, le début de *Musica ricercata* ou le *Dies irae* de *Shining*. Si la pièce de Haendel extraite de la *Onzième Suite pour clavecin en ré mineur* est bien une sarabande, danse baroque grave et solennelle à trois temps, et non une marche au rythme dactylique, l'orchestration de Léonard Rosenman lui confère une dimension dramatique qui place le film qu'elle introduit, dans sa version pour orchestre à cordes et clavecin, sous le signe de la fatalité.

Lors du duel entre Quin et le jeune Redmond, elle apparaît dans une version minimale, flottante, où le thème joué par les cordes graves en *pizzicato* et les timbales, puis complété de brefs accents *arco* des mêmes cordes, crée un suspens imperceptible. L'entrée du clavecin apporte une touche dramatique à la mort apparente du capitaine anglais. La Sarabande traverse également la scène de jeu entre Barry et son fils avant l'accident de ce dernier, dans une version en duo puis trio, d'un lyrisme triste, avec thème *arco* et basse en *pizzicato*. Après le dernier échange entre l'enfant mourant et ses parents, c'est tout l'orchestre à cordes et les timbales, tragiques, qui accompagnent la procession funéraire, avant le retour du trio comme un écho, témoin de la déchéance des époux. Tel que la voix over du narrateur l'avait révélé, « le destin avait décidé que Barry ne laisserait derrière lui aucune descendance et finirait sa vie pauvre et solitaire ».

Lorsque Lord Bullingdon, suivi frontalement et en légère contreplongée, progresse lentement à travers les couloirs du château pour défier son tyrannique beau-père et réclamer vengeance, la version minimale du premier duel suit cette véritable incarnation du destin en marche puis, prémonitoire, accompagne l'ultime duel de l'arriviste irlandais, qui le brisera définitivement. Cette symétrie, comme celle de la Sarabande dans sa version orchestrale introductive qui triomphe dans le générique final, rappelle la permanence immuable du destin.

Selon Kubrick, choisir d'arranger la Sarabande plutôt qu'utiliser une œuvre orchestrale existante « vient du fait qu'il n'y a pas de musique dramatique au XVIIIe […]. On l'a, en fait, très simplement orchestrée et elle n'évoque pas d'époque particulière »[1]. En effet, si le clavecin et l'harmonie évoquent le monde baroque, la texture dense et expressive de l'orchestre à cordes, ainsi que le caractère dramatique semblent davantage romantiques ; et la version minimale des duels ne possède aucune empreinte temporelle spécifique. Cependant, on sait bien qu'il *existe* une musique dramatique au XVIIIe siècle et, selon nous, les trois versions très différentes de la Sarabande décrites ci-dessus montrent que l'intérêt de l'arrangement réside surtout dans la plasticité qu'il offre, permettant à Kubrick de faire entendre la pièce à de nombreuses reprises, dans des contextes variés, pour qu'elle puisse jouer le rôle obsessionnel évoqué dans *Eyes Wide Shut*.

Ce choix pose également la question prépondérante du réalisme dans la musique de film. Le cinéaste s'offre les services des Chieftains, sélectionne soigneusement les

---

1. S. Kubrick, entretien avec M. Ciment, « Deuxième entretien/1976. *Barry Lyndon* », art. cit., p. 174.

thèmes militaires suivant leur nationalité, et choisit des
œuvres classiques légèrement antérieures ou contemporaines à la période de l'histoire. Mais l'inventivité sonore
du réalisateur ne peut s'accommoder de carcans stylistiques
intransigeants. Le réalisme dépasse l'opposition frontale
entre fait historique et anachronisme pour harmoniser
peinture sonore d'une époque et recherche d'une expression
juste qui puisse servir l'histoire au mieux, équilibre subtil
entre naturalisme et stylisation. L'Andante de Schubert est
au cœur de cette préoccupation.

S'il semble impossible d'expliquer l'intensité poignante
obtenue par Schubert dans le second mouvement de son trio
opus 100, composé en 1827, on peut tenter d'en cerner les
points saillants.

Le charme infini de cette musique réside sans doute, en
premier lieu, dans la confrontation entre son accompagnement très droit, piqué, dont le court motif initial
réintroduit le thème de la marche funèbre tel un écho de
la Sarabande, et la souplesse de la courbe mélodique subti-
lement vibrée par le violoncelle, esquissant une brève
incursion dans le ton relatif majeur pour mieux retrouver
l'assombrissement du mineur. L'appogiature, l'intervalle
expressif de sixte et la lumière du trille confèrent au premier
geste mélodique présenté ci-dessus, par ailleurs très simple,

une vitalité, une volupté contrastant avec la régularité statique du piano. L'instrumentation n'est pas étrangère à l'expressivité de la pièce, dont la mélodie, reprise par le piano, se voit éclairée par l'ascension dans le registre aigu et le son perlé de l'instrument, flottant sur l'accompagnement des cordes.

Pour la scène de la rencontre et du premier baiser au château de Spa entre Barry et la comtesse de Lyndon, Kubrick ne cherche pas à exprimer l'euphorie de la passion, ni même la joie qu'apporte d'ordinaire le sentiment amoureux. La voix du narrateur n'avait laissé aucun doute sur les motivations pécuniaires du cynique Barry. Le trio constitue le pendant tragique de la romance pastorale *Women of Ireland*, symbole de l'amour vrai et ingénu pour Nora ou la brève et tendre idylle avec Lischen. Son atmosphère évoque une tristesse dolente, une mélancolie prémonitoire du mariage à venir, ne possédant pas la fièvre romantique qui incite pourtant le réalisateur à élargir ses recherches hors du XVIIIe siècle dans lequel il ne put trouver « nulle passion, rien qui, même lointainement, puisse évoquer un thème d'amour »[1].

Kubrick conserve l'ambivalence du second thème de l'Andante, majeur, dont le caractère piqué et les arpèges du piano qui l'accompagne apportent une vigueur discrète sans toutefois s'opposer à l'ambiance mélancolique du premier thème :

---

1. S. Kubrick, entretien avec M. Ciment, « Deuxième entretien/1976. *Barry Lyndon* », art. cit., p. 172.

En revanche, le réalisateur évacue toute la partie centrale de l'œuvre dont l'expression se fait plus fiévreuse, avec de grands accords *forte* accentués, des traits et des trémolos nerveux, ne conservant que les parties calmes, par exemple lorsque le premier thème revient mesure 84, joué au piano et accompagné d'un contrepoint des cordes fabuleux de sobriété. Kubrick crée ainsi une nouvelle forme, raison pour laquelle il fait enregistrer la musique plutôt que d'utiliser une version existante, dont la poésie élégiaque colore la scène sans paroles. En comparaison, le *Concerto pour violoncelle en mi mineur* de Vivaldi, par son harmonie expressive et l'interprétation très vibrée de Pierre Fournier, semble plus exalté malgré son esthétique baroque. « Sans être absolument romantique, [le trio] a pourtant quelque chose d'un romanesque tragique » [1]. Kubrick, fin mélomane, a senti combien la pièce ainsi constituée est éloignée du romantisme entendu comme exacerbation du sentiment. Les préoccupations historiques et stylistiques s'effacent devant la quintessence inimitable de l'expression schubertienne,

---

1. S. Kubrick, entretien avec M. Ciment, « Deuxième entretien/1976. *Barry Lyndon* », art. cit., p. 172.

univers affectif élaboré avec quelques notes doucement murmurées.

Dans cette séquence, Kubrick souhaitait créer l'émotion par le seul concours de la musique et des images. Dans le domaine musical, la référence au muet a d'abord trait à la nature des œuvres utilisées. Si l'improvisation est couramment utilisée pour accompagner les projections au temps du cinéma muet, l'élaboration de partitions est également une pratique répandue. Certains films sont pourvus d'une partition originale, mais l'accompagnement de la majorité d'entre eux est réalisé à partir de catalogues d'œuvres existantes possédant chacune une atmosphère, un caractère spécifique, entier, qui permet au pianiste ou au chef d'orchestre d'imprégner chaque scène du sentiment le plus adéquat[1]. L'univocité de la signification musicale deviendra l'un des principaux traits stylistiques de la musique du cinéma parlant, elle sera nécessaire à la clarté de l'expression dans le classicisme hollywoodien. Si Kubrick cultive l'équivocité du rapport entre image et musique, il a souvent besoin d'une atmosphère musicale uniforme sans laquelle le sens ne peut se construire, ce qui caractérise les œuvres de *Barry Lyndon* et explique la suppression des moments dramatiques du trio.

De plus, le principe d'accompagnement ininterrompu que Kubrick met en œuvre dans certaines séquences de *2001* favorise l'appréciation musicale. La musique du classicisme, souvent fragmentée en brefs extraits et masquée par les dialogues et l'action qui cristallisent l'attention, est source de frustration pour qui veut en apprécier les qualités. Le

---

1. M. Chion, *La musique au cinéma, op. cit.*, p. 47.

projet de Kubrick est de retrouver le plaisir musical permis par le muet et ses longues plages sonores dans lesquelles le public se plaisait à reconnaître des airs classiques ou populaires connus.

Le plaisir pris à l'écoute de l'Andante de Schubert, dont les répétitions le parent d'une aura envoutante, est soigneusement pris en charge par Kubrick. La pièce est entendue quelques instants, puis aussitôt dissimulée par le narrateur qui accapare l'attention, tout en demeurant au second plan, latente. Ainsi, sa réapparition grâce au silence de la voix over est d'autant plus efficace que la musique est devenue inconsciemment familière, elle magnifie d'autant plus les subtils jeux de regards entre les protagonistes. Et lorsque le narrateur reprend la parole durant la promenade en barque, elle persiste tel un souvenir avant de reparaître une dernière fois au premier plan pendant le lent travelling latéral qui découvre la beauté des jardins du château.

La question du plaisir musical est aussi celle de l'émotion, et si Kubrick cherche par divers procédés de distanciation à étouffer toute sentimentalité, il est non moins évident que le lyrisme de nombreuses pièces vise à infuser une émotion discrète dans un film d'une noirceur cruelle. La musique semble conserver sa fonction d'homogénéisation entre le sentiment des personnages et celui des spectateurs, elle demeure attachée à des états psychologiques comme dans *2001*. Mais on ne peut parler comme à Hollywood de psychologisation de la musique, toujours associée à la sensibilité d'un personnage ou d'un groupe, selon le principe d'adhésion à l'action. Grâce à l'étirement des plages sonores, la musique acquiert une dimension générale englobant l'action, dépassant la subjectivation classique. Plutôt qu'une psychologisation musicale, on peut parler chez Kubrick de dimension psychologique, l'une des nombreuses facettes de la symbolisation musicale. Les œuvres empruntées par le réalisateur traversent les lieux et les personnages pour gagner la hauteur intersubjective d'un état du monde, comme la mélancolie de l'Andante de Schubert qui se pare d'un rayonnement universel.

Cependant, si Kubrick semble revenir à l'esthétique musicale du muet en étirant les plages sonores, cette influence ne touche qu'en apparence la structure de ses bandes sonores elle-même. Les partitions du muet se caractérisent par la succession sans cohérence stylistique de courtes pièces dont la mise en boucle permet l'adaptation à la durée de chaque séquence[1]. Outre la forte unité des mondes sonores de Kubrick, si le cinéaste procède bien à d'importantes répétitions, c'est au travers de formes musicales construites, non de mises en boucles mécaniques et statiques. La Sarabande est certes beaucoup répétée, mais jouit d'évolutions affectives élaborées qui lui donnent une trajectoire.

Musique et image relèvent de temporalités opposées. L'image est le temps de la promptitude de la perception dont l'œil peut saisir immédiatement une quantité importante d'informations. Si la perception sonore en général peut être encore plus fulgurante que la perception visuelle, la spécificité de la musique est le temps conséquent nécessaire à la construction du sens, qu'il soit strictement musical ou figuratif. Le genre du poème symphonique, dont les œuvres ne peuvent décrire qu'en de longues minutes un tableau ou un

---

1. M. Chion, *La musique au cinéma, op. cit.*, p. 44.

texte littéraire de quelques lignes, démontre clairement cette spécificité.

Contre le classicisme, le cinéaste veut redonner de la durée à la musique comme à l'époque du muet, mais sa nouveauté vient de la fonction dévolue à cette durée. Si la musique hollywoodienne assujettit par le morcèlement la temporalité musicale à celle de l'action, la forme du muet aboutit à la même perte de la durée proprement musicale par les reprises dont le seul but et de fondre la musique dans la structure narrative. Or, chez Kubrick, l'image se calque aussi souvent sur la musique que la musique sur l'image dans une synthèse audiovisuelle. L'Andante dans sa forme cinématographique se termine par une demi-cadence lumineuse sur l'accord de *sol* majeur, soigneusement synchronisée avec le début de l'entrevue entre Barry et le comte de Lyndon. Dans ce genre de cas, un film hollywoodien classique aurait utilisé un *decrescendo*, sans attention portée à la cohérence de la phrase musicale.

Si le classicisme veut faire de la musique une stimulation émotionnelle immédiate pour qu'elle puisse suivre le rythme effréné de l'image, Kubrick étire l'action pour donner à ses films la lenteur étale d'une pièce musicale. Pour que la musique puisse jouer pleinement son rôle symbolique, le cinéaste lui rend sa temporalité, donc sa cohérence interne porteuse d'un sens que le spectateur a tout le temps, à la fois, de déchiffrer et d'apprécier à ses différents niveaux de signification, sentiment tragique ou symbole du destin en marche pour la Sarabande, émotion élégiaque ou symbole funeste et désenchanté du couple en devenir avec l'Andante. Dans *2001 : l'odyssée de l'espace*, la complexité et la diversité symbolique du vaste réseau musical rendent primordiale l'attention portée à la respiration propre de la musique sur laquelle le cinéaste s'appuie pour construire la temporalité de sa fresque stellaire.

Ces considérations sur le plaisir et la durée musicale, auxquelles s'ajoutent les principes de confrontation, de discontinuité accusée et de subversion des codes sonores, convergent vers une esthétique de la présence. La musique s'affirme comme expression d'idées et de sentiments, en tant que jouissance intellectuelle autant que plaisir des sens, comme structure autonome porteuse de sens qui revendique sa place au sein de l'œuvre cinématographique. « Quand la musique convient à un film, elle lui ajoute une dimension que rien d'autre ne pourrait lui donner. Elle est de toute première importance »[1]. On pourrait renchérir sur cette affirmation, très simple en soi, mais qui définit bien le style de Kubrick, en soulignant l'attention minutieuse apportée à la musique pour faire surgir cette nouvelle dimension, sans se contenter de la réaffirmation des dimensions visuelles existantes. Car la musique est facilement résorbée dans l'action et, sans pour autant l'isoler de l'image, le travail du cinéaste est de la faire ressortir, de l'affirmer comme une réalité à part entière.

---

1. S. Kubrick, entretien avec M. Ciment, « Deuxième entretien/1976. *Barry Lyndon* », art. cit., p. 175.

LE CINÉMA, UN ART MUSICAL ?

Si Kubrick est connu pour ses emprunts classiques, les œuvres utilisées connaissent diverses modifications afin de former une unité maximale avec l'image, ce qui incite à définir la démarche du cinéaste comme une *re-composition*. Ainsi, selon Roméo Agid, dans *2001* les associations symboliques entre les œuvres musicales et les idées philosophiques sont de l'ordre de « caractéristiques re-compositionnelles »[1]. Or, ces associations ne touchent qu'à l'interprétation sémantique, et non aux structures musicales elles-mêmes, ce qui signifie qu'au sens strict on ne peut parler que de « re-symbolisation », de modification du sens prêté à la musique laissant intact sa matérialité. Dans tous les cas, ce constat serait un truisme dans la

---

1. R. Agid, « La musique de Ligeti dans *2001 : l'odyssée de l'espace.* Kubrick re-compositeur », dans B. Gauthier (dir.), *Kubrick, les films, les musiques*, vol. 2, *Kubrick, les musiques*, Montpellier, L'Entretemps, 2012, p. 114.

mesure où toute association entre une musique et une image qui en orienterait la perception constitue une re-symbolisation.

Le second niveau de re-composition proposé par l'auteur tiendrait à la constitution de ce que nous appelons la bande musicale, ou par extension la bande sonore, qui formerait selon lui une « œuvre musicale complexe composée par Stanley Kubrick »[1]. Cette conception, si elle peut être pertinente, omet toutefois de distinguer deux acceptions du terme *composition* pouvant entrainer une confusion. Au sens faible, ou général, il désigne la formation par assemblage de plusieurs éléments, alors qu'au sens fort, spécifiquement musical, il désigne tout simplement l'écriture de musique. Ainsi, l'agencement, aussi puissant et expressif soit-il, des œuvres musicales dans ses films ne fait de Kubrick un re-compositeur qu'au sens faible. L'assemblage de pièces existantes, modifiées ou non, ne constitue pas une re-composition strictement musicale.

Une approche re-compositionnelle ne peut donc être conçue que comme la modification des structures sonores. Nous préférons alors le terme de recréation qui ne possède pas l'ambiguïté du terme étudié ci-dessus. Dans *Barry Lyndon*, l'orchestration de la Sarabande est un travail sur le timbre touchant à la réalité sonore de la musique, la modification formelle de l'Andante de Schubert constitue une nouvelle temporalité musicale. Dans *Shining*, dès la scène du cauchemar de Jack, Kubrick assemble des fragments de différentes pièces de Penderecki pour mieux soutenir

---

1. R. Agid, « La musique de Ligeti dans *2001 : l'odyssée de l'espace*. Kubrick re-compositeur », art. cit., p. 115.

le suspens. Il élabore ainsi des versions inédites dont la proximité avec les œuvres originales n'en font pas de nouvelles œuvres mais bien des recréations.

Cette approche recoupe un principe plus général qui permet d'unifier la diversité des pratiques du cinéaste, celui de réappropriation, que l'on opposerait à la notion de collage, consistant à plaquer des œuvres existantes sans souci d'adaptation à l'œuvre cinématographique. Kubrick utilise parfois des œuvres préenregistrées sans les modifier, mais en ce cas c'est l'image qui la plupart du temps se calque sur la musique, ce qui constitue bien une appropriation musicale dans et par l'image. Plus généralement, il y a toujours chez Kubrick une appropriation musicale de l'ordre du symbolique, ce qu'Agid désignait dans *2001* par le terme de re-composition. Par la confrontation entre image et musique, l'œuvre acquiert un nouveau sens *cinémato-graphique*, construit et non fortuit, élaboré contre ou à partir de son sens en soi. Dans le muet ou le cinéma classique, le sens musical est affirmation du sens visuel et, s'il y a bien re-symbolisation de la musique qui, par association, devient nécessairement figurative au contact de l'image, son sens cinématographique tend à se confondre avec son sens en soi. Par la subversion des codes, Kubrick veut au contraire affirmer l'irréductibilité du sens cinématographique de ses mondes sonores.

Une nouvelle fois, l'étude approfondie du style de Kubrick justifie la critique de la conception selon laquelle l'uti-lisation d'œuvres savantes préexistantes en constitue un fondement. Ce principe d'emprunt apparaît comme une première phase de la démarche esthétique du cinéaste, vouée à être finalement dépassée. La recréation, et plus généra-lement la réappropriation définissent son style musical comme dépassement de la sphère du donné et constitution de réalités inédites, sonores ou symboliques, qui ne préexistent pas à ses œuvres cinématographiques.

La réappropriation musicale touche en fait une question beaucoup plus profonde sur les rapports entre cinéma et musique. Si Kubrick tend à renouveler la musique au contact de l'image, on peut se demander, inversement, jusqu'où la structure filmique elle-même est influencée par la musique, interrogation motivée par les propos du réalisateur sur son œuvre de science-fiction :

> Ce n'est pas un message que j'ai voulu transmettre en paroles. *2001* est une expérience non verbale ; sur les deux heures et dix-neuf minutes que dure le film, il y a moins de quarante minutes de dialogue. J'ai voulu créer une expérience visuelle, qui évite le catalogage verbal et touche directement le subconscient avec un contenu émotionnel et philosophique. Pour paraphraser la formule de McLuhan, dans *2001* le message est le médium. Mon film se veut une expérience intensément subjective qui atteigne le spectateur à un niveau intime de sa conscience, comme le fait la musique[1].

L'évidence et la clarté de l'expression du cinéaste cache en fait une grande complexité conceptuelle. Si la citation proposée semble ne développer qu'une idée unique, elle recoupe une pluralité de notions fondamentales, et seule l'étude approfondie de ces propos permet d'affirmer objectivement dans quelle mesure *2001* s'inscrit dans une réalité spécifiquement musicale. La question est d'autant plus

---

1. S. Kubrick, entretien avec E. Nordern, « Playboy Interview. Stanley Kubrick », *in* G. D. Phillips (dir.), *Stanley Kubrick, Interviews, op. cit.*, p. 47.

prégnante qu'elle est très répandue dans le monde du cinéma. De nombreux réalisateurs et théoriciens ont recours à des notions musicales pour décrire les procédés visuels utilisés et analysent les formes cinématographiques à l'aune de principes sonores, comme le montre l'article de Brigitte Gauthier, « Kubrick : cinéaste compositeur »[1], ou la conception de Berthomieu selon laquelle « les grands films sont musicaux et relèvent, consciemment ou non, d'une approche musicale »[2]. On tentera donc de savoir si la comparaison entre cinéma et musique relève de simples ressemblances extérieures ou de réelles proximités structurelles.

La pensée formaliste du théoricien Eduard Hanslick exposée dans *Du Beau dans la musique* (1854) est précieuse, car elle offre une conception objective et générale de la musique, indépendante de toute notion de réception, définie comme l'organisation temporelle des quatre paramètres caractérisant le sonore, la hauteur, la durée, le timbre et l'intensité. Cette définition nie toute réalité extérieure au monde sonore comme proprement musicale, c'est-à-dire que les structures[3] organisant la matière sonore se justifient par elles-mêmes et non par les renvois externes qu'elles peuvent effectuer. La musique est l'art non figuratif qui trouve sens en lui-même.

---

1. Voir B. Gauthier (dir.), *Kubrick, les films, les musiques*, vol. 2, *Kubrick, les musiques, op. cit.*

2. P. Berthomieu, *La musique de film, op. cit.*, p. 144.

3. Il existe différents niveaux de structures, microscopiques ou macroscopiques, acoustiques ou esthétiques, c'est pourquoi on utilise ce terme au pluriel.

Si la distinction entre le fond et la forme caractérise le fonctionnement de tous les autres arts, en musique la forme et le contenu représentent une seule et même réalité, car l'organisation de la matière sonore constitue elle-même la signification de l'œuvre. Les structures internes, autonomes, produisent par leur seul fait un sens, proprement musical. Dans le cinéma narratif réaliste, au contraire, la forme cinématographique s'efface devant son contenu, les images ne font pas sens en elles-mêmes mais par rapport à ce qu'elles montrent. Le montage est déterminé par l'histoire que le film raconte, extérieure à l'art cinématographique en tant que tel, et chaque plan est légitimé par son rôle dans la narration.

Il est vrai que ce rapport causal, selon lequel chaque image est déterminée par celle qui précède, caractérise également en musique le système tonal qui organise hiérarchiquement la succession des sons dans une composition. Mais ces structures organisatrices demeurent internes, non déterminées par un élément extérieur, même dans la musique à programme qui peut exister indépendamment de son modèle pictural ou littéraire, comme le concèdent les compositeurs. Les structures sonores peuvent être inspirées par un élément externe mais trouvent avant tout leur sens en elles-mêmes, alors que les règles régissant l'enchaînement des plans dans un film ne se légitiment que relativement à la téléologie narrative.

Il apparaît donc que la seule façon de faire un film réellement organisé comme une œuvre musicale soit de départir le plan et le montage de leur assujettissement à la diégèse. La forme cinématographique, entendue comme l'ensemble des structures organisant les plans et leur enchainement[1], élaborée pour ses seules qualités esthétiques et non selon son contenu narratif, deviendrait elle-même le contenu du film. Le cinéma substituerait au quatre paramètres du sonore les deux paramètres du visuel, pour se définir comme organisation dans le temps de formes et de couleurs.

Les tentatives d'adaptation formelle de la musique au cinéma sont presque aussi anciennes que le septième art lui-même, comme en témoigne le courant abstrait allemand des années vingt, le « cinéma absolu », avec les œuvres de Ruttmann (*Lichtspiel Opus I*, 1921), Richter (*Rhythmus 21*, 1921) et Eggeling (*Symphonie diagonale*, 1925). Si ces travaux, inspirés de l'expressionnisme pictural, se posent globalement comme son prolongement, la comparaison avec la musique semble plus forte dans la mesure où la dimension temporelle est au centre de ces œuvres qui, comme l'art musical, sculptent le temps et façonnent une durée pure, non influencée par quelque dimension figurative. De telles expériences jalonnent l'histoire du cinéma, on en retrouve certains exemples chez des cinéastes modernes comme Lars Van Trier, avec notamment la première séquence de son film *Dancer in the Dark* (2000).

Les œuvres du « cinéma absolu » connaissent de véritables proximités structurelles avec la musique, par leur construction organisée autour de motifs visuels et de variations de ces motifs, par leurs jeux rythmiques, leurs changements de

1. Ce chapitre se concentre sur les domaines visuel et temporel du cinéma, fondements de ce genre artistique. Dans le sens large, la forme cinématographique est évidemment audiovisuelle.

vitesse et de densité ; autant de préoccupations musicales qui montrent la proximité entre les deux arts. Cependant, si l'on considère comme « musical » tout film dont les règles d'organisation sont internes, non assujetties à un élément extérieur, c'est-à-dire la plupart du temps à un récit, on peut inclure également certaines œuvres figuratives, comme celles du courant avant-gardiste français des années vingt, qu'il s'agisse des œuvres de Chomette, par exemple *Jeux des reflets et de la vitesse* (1925), ou *Ballet mécanique* (1924) de Leger et Murphy. Ces films organisent le discours selon la valeur plastique des images, et non selon une fonction diégétique, produisant des jeux thématiques et rythmiques semblables à ceux du cinéma absolu.

Par extension, les films possédant une dimension narrative peuvent eux aussi connaître des liens structurels avec la musique si la narration est conséquence, et non cause, de la forme cinématographique. Dans des œuvres aussi différentes qu'*Un Chien andalou* (Buñuel, 1929), *L'Année dernière à Marienbad* (Resnais, 1961) et *Eraserhead* (Lynch, 1977), la narration intervient à titre de contingence, de potentialité reconstituée par le spectateur à partir de la diversité visuelle, et non comme organisation téléologique des images visant à raconter une histoire. Si l'aspect figuratif peut éloigner ces films d'une stricte proximité avec la musique, il n'en demeure pas moins que le travail sur la forme cinématographique, l'élaboration de structures nouvelles propres à chaque œuvre et non calquées sur celles du récit, construisant une temporalité singulière, où la dimension diégétique de l'image s'efface devant sa réalité plastique, révèlent entre les deux arts des liens profonds. De plus, ces films connaissent avec la musique du XXe siècle la même fragmentation de la forme, où chaque moment, libéré de son assujettissement à la téléologie narrative, devient une totalité suffisante possédant une temporalité singulière et une finalité propre.

Si le film de Kubrick semble étranger à ces expériences cinématographiques, la préoccupation du metteur en scène, selon lequel « la vraie nature de l'expérience visuelle de *2001* est de provoquer une réaction instantanée, viscérale »[1], c'est bien l'immédiateté de la relation à l'image, la primauté de l'instant sur le tout. Le plaisir esthétique n'est pas médié par la compréhension de la fonction narrative de l'image, celle-ci n'est plus support de l'histoire mais bien fin en soi, de sorte que, selon la distinction deleuzienne, l'important n'est plus la postériorité de l'image, c'est-à-dire les images futures qui suivront d'elle selon les structures narratives mises en place, mais bien ce que donne à voir l'image elle-même[2].

Cette conception est attestée par les ruptures de la causalité narrative, mises en valeur par les choix de montage, avec ce morcèlement en courts récits presque dépourvus d'action et sans liens apparents, sinon *a posteriori*. Kubrick a conceptualisé l'irréductibilité de l'image à son contenu diégétique en affirmant que le message devient le médium cinématographique. Le propos du film *est* le film lui-même, en tant que forme esthétique visuelle et non en tant qu'histoire racontée visuellement. Si *2001* n'est pas *Symphonie diagonale* ou *Rhythmus 21*, il possède tout de même de véritables liens formels avec l'art musical.

---

1. S. Kubrick, entretien avec E. Nordern, « Playboy Interview. Stanley Kubrick », art. cit., p. 48.
2. Voir E. Dufour, *David Lynch, Matière, temps et image*, Paris, Vrin, 2008, p. 19.

Il apparaît des précédentes réflexions que tout film ne peut prétendre fonctionner comme une partition, que la plupart des comparaisons entre cinéma et musique sont de nature analogique et ne peuvent être prises pour des réalités structurelles. Kubrick utilise lui-même ce genre de comparaisons, lorsqu'il affirme à propos de *Shining* qu'il « préfère utiliser des termes musicaux et parler de motifs, de variations et de résonances »[1]. Mélodie, harmonie, contrepoint, etc., autant de notions qui peuvent rendre intelligibles un film narratif mais demeurent de l'ordre de la métaphore subjective, ses règles d'organisation formelle étant d'abord celles du récit, d'origine littéraire, et non de la musique.

La confusion semble provenir notamment d'une conception du rythme comme principe spécifiquement musical. Selon Berthomieu, « le cinéma se donne effectivement comme un art de cadences, de rythmes, une succession de plans qui a à voir avec la segmentation et l'organisation calculée de la durée et du temps »[2]. Dans la mesure où il est un principe fondamental que l'on retrouve à divers niveaux dans chaque art, le rythme ne peut être considéré comme l'apanage de la musique, même si leur relation est particulièrement étroite. Si Berthomieu entend par rythme musical le principe métrique qui organise le temps de manière cyclique et régulière[3], alors le cinéma narratif classique n'est assurément pas musical, car sa forme ne

1. S. Kubrick, entretien avec M. Ciment, « Troisième entretien/1980. *Shining* », art. cit., p. 192.

2. P. Berthomieu, *La musique de film*, *op. cit.*, p. 141.

3. Si ce principe ne caractérise pas le corpus musical total, il est en tout cas spécifiquement musical.

repose pas sur un montage périodique isochrone. Même le principe de synchronisation de l'image sur la musique n'est pas musicalement rythmique si ce sont les évènements diégétiques, et non l'enchainement lui-même des plans, qui sont calqués sur la métrique musicale. L'œuvre de Kubrick, par exemple, n'offre que trois fragments de montage rythmique musical, dans *Spartacus*, *Docteur Folamour* et *Orange mécanique*.

Pour conclure sur la nature de *2001 : l'odyssée de l'espace*, il faut d'abord concéder que le réalisateur ne se détache pas totalement de la tradition américaine, réaliste et narrative. Le film, qui prend ses distances par rapport à la notion de récit, demeure toutefois régi par une histoire qui concourt à en déterminer la forme. Cependant, la séquence du voyage au-delà de l'infini, si elle conserve par sa qualité de « voyage spatial de Bowman » une infime dimension narrative, montre incontestablement que l'image est beaucoup plus qu'un support de la narration et tend à s'émanciper de sa subordination à l'histoire. Kubrick élabore une forme cinématographique porteuse d'un sens esthétique interne qui devient le contenu même du film.

La citation de Kubrick proposée plus haut évoque également une autre particularité musicale, opposée au langage discursif et caractérisant le fonctionnement signifiant de l'odyssée spatiale, qui amène à envisager une nouvelle dimension de l'art sonore. Si la musique est avant tout un ensemble de structures non figuratives, sa plasticité la dispose à renvoyer à une multitude de réalités qui la dépassent. Au travers du prisme de la perception, la musique acquiert une infinité de significations, par le biais de l'auditeur qui peut l'associer à tout versant de son expérience du monde. Elle est une forme pure objective, mais également une forme symbolique subjective qui rend possible son utilisation dans le cinéma.

Ces phénomènes d'associations reposent sur de vastes réseaux de codes dont le caractère très ancré tend à faire apparaître comme immanent à la musique ce qui n'est relatif qu'à une structuration culturelle de la perception. Comme le dit Nelson Goodman, « la pratique a rendu les symboles si transparents que nous ne sommes pas conscients d'un quelconque effort, du moindre choix, ni même d'effectuer réellement une interprétation »[1]. Si ces phénomènes de renvois extrinsèques sont relatifs à l'auditeur qui perçoit et non à la forme sonore elle-même, ils sont fondateurs de certaines esthétiques comme celle de la musique à programme qui s'appuie sur eux pour exprimer des sentiments et raconter des histoires. L'art musical possède, au sein d'une culture donnée, toute une grammaire permettant d'imiter – donc d'évoquer – le réel, apte à susciter des représentations.

La musique hollywoodienne, conventionnelle selon Berthomieu en tant qu'elle « affirme la possession commune du sens et de l'émotion par le créateur et son public »[2], s'appuie sur l'intersubjectivité des codes sonores qui tendent à unifier la perception des spectateurs en suscitant des idées ou sentiments qui, sans forcément se confondre, sont généralement semblables. Ce principe permet un fonctionnement évoquant celui du langage discursif, défini par Saussure comme système de signes discrets où chaque signe

---

1. N. Goodman, *Langages de l'art* (1968), trad. J. Morizot, Nîmes, Jacqueline Chambon, 1992, p. 61.
2. P. Berthomieu, *La musique de film, op. cit.*, p. 60.

représente une entité biface associant un signifiant à un signifié. Les leitmotive sont des signifiants sonores bien définis dont chacun renvoie à un signifié visuel, émotionnel ou conceptuel, et dont l'organisation construit le sens à la manière du langage. Si la musique se caractérise par la densité sémantique, le style classique veut donner à chaque fragment une univocité de sens qui le rapproche du mot.

Dans une démarche opposée, Kubrick va chercher autant que possible à se départir du mode de communication verbal fondé sur la rationalité discursive. S'il considère que le contenu de *2001* est autant *philosophique* qu'*émotionnel*, c'est dans le sens où le cinéma « offre la possibilité de traduire des abstractions et des concepts complexes sans le secours traditionnel des mots »[1]. Cette conception rapproche le cinéaste du premier romantisme de Iéna, courant philosophique allemand selon lequel les plus hauts domaines spirituels ne sont accessibles que par l'art et non l'intellection, plus particulièrement par la musique à titre d'expression de l'indicible, conçue comme dépassement de la philosophie.

Selon Imberty,

> le signifiant musical renvoie à un signifié qui n'a pas de signifiant verbal précis [...]. Le sens musical, lorsqu'il est explicité par des mots, se perd dans les significations verbales, trop précises et trop littérales qui le trahissent[2].

1. S. Kubrick, entretien avec J. Gelmis, « The Film Director as Superstar. Stanley Kubrick », art. cit., p. 89.
2. M. Imberty, cité par J.-J. Nattiez, *Musicologie générale et sémiologie*, Paris, Christian Bourgois, 1987, p. 31.

La musique en tant que forme symbolique repose sur une plurivocité de nature métaphorique, un réseau infini de significations qui échappent à l'entendement. C'est l'art musical comme ineffable évocation d'idées qui affleurent sans pourtant se révéler, comme forme plastique stimulant tous les champs de l'expérience humaine, l'affectivité aussi bien que l'intellect.

Kubrick s'appuie sur cette spécificité symbolique, dans sa recherche d'équilibre entre émotion et abstraction, plaisir sensuel et complexité conceptuelle, mais aussi dans la hauteur intersubjective qu'il donne à la musique, libérant les œuvres de l'attache signifiante univoque qui caractérisait le style hollywoodien. On retrouve cette préoccupation dans l'attitude anti-analytique du metteur en scène qui refuse d'expliquer ses films et ainsi de réduire leur richesse sémantique à une conceptualisation exclusive, et l'équivocité constitutive de sa démarche esthétique à une lecture téléologique arrêtée.

On voit la limite de l'approche consistant à plaquer la méthode d'analyse propre à la forme musicale hollywoodienne sur le cinéma de Kubrick, en réduisant l'usage symbolique de la musique à un ensemble d'associations mécaniques. Ainsi, selon Chion, la valse de Chostakovitch représente la vie, alors que *Musica ricercata* incarne la loi[1]. Pour Sineux, la Sarabande de Haendel « traduit [...] la vanité et la mort »[2], l'Adagio du *Concerto pour deux clavecins en ut mineur*, BWV 1060, de Bach exprime « le retranchement de Lady Lyndon à l'intérieur des limites infrangibles de sa

---

1. M. Chion, *Stanley Kubrick, L'humain, ni plus ni moins, op. cit.*, p. 469.
2. M. Sineux, « Maestro, musique !... », art. cit., p. 37.

caste »[1]. L'arbitraire de ces attributions d'un sens extra-musical aux pièces utilisées par Kubrick démontre le caractère hautement subjectif de cette approche qui, par son inadéquation à l'œuvre du cinéaste, rabat l'innovation dans la sphère du connu et tend à en gommer la spécificité.

2001 : l'odyssée de l'espace se départit de l'univocité du langage discursif pour s'inspirer du fonctionnement symbolique de la musique. Il emprunte la voie du *subconscient*, entendu par Kubrick comme perception immédiate dont le plaisir évite la médiation de la compréhension intellectuelle. Le langage verbal lui-même semble atteint par la spécificité de la signification musicale qui inonde la forme cinématographique. Son sens se dissout par sa vacuité, résorbé dans sa dimension sonore première, les cris des hommes-singes, la respiration de Bowman ou la voix mourante de Hal plongeant dans l'extrême grave. *2001* est une *expérience*, une stimulation sensorielle et conceptuelle. Comme la musique, le film se vit plutôt qu'il ne se comprend rationnellement, sa signification s'évapore en une myriade de symboles insaisissables.

La musique, à la fois forme pure et forme symbolique, tend à renouveler la forme cinématographique qui s'affirme comme première réalité signifiante, pleine d'elle-même, dont le sens irréductible à un énoncé évoque les circonvolutions de l'art sonore.

---

1. *Ibid.*, p. 39.

CHAPITRE VII

LE DANGER DE LA MUSIQUE

Trois silhouettes traversent avec pompe une immense foule rangée en bataillons, gravissent une série de marches et se figent devant un cénotaphe en un salut solennel. Un adagio élégiaque en majeur, aux harmonies romantiques expressives, sous-tend la dignité hiératique de la commémoration. Il accompagne *sotto voce* les trois hommes regagnant la tribune, avant que les clairons ne retentissent. Les troupes se mettent en mouvement, la musique s'anime. Différents hymnes martiaux insufflent vie et dynamisme à la lente démonstration, aux masses humaines qui paradent en portant haut leurs étendards. Un thème plus lyrique accompagne la vue d'une forêt mouvante de drapeaux, puis un dernier hymne plus rigide clôt la parade. L'immense assemblée se fige en même temps que la musique, comme suspendue. On attend quelque chose, ce sont encore les clairons qui l'annoncent. Le Führer va parler.

La scène se termine par les déflagrations des salves d'honneur alors qu'Adolph Hitler vient féliciter ses troupes. Tel un écho, le *Horst Wessel Lied*, thème emblématique du IIIe Reich, retentit en sourdine. Son aura galvanisante teinte la cérémonie d'un optimisme subliminal.

Kubrick reconnaissait une « horrible fascination pour l'époque nazie »[1], qui peut expliquer certains choix musicaux dans ses films de guerre. *Les Sentiers de la gloire* n'utilise une musique orchestrale que lors des génériques introductif et conclusif. Il s'ouvre sur une *Marseillaise* grinçante arrangée par Gerald Fried qui, contrairement à ce qu'on lit souvent, n'est pas minorisée, mais rendue caricaturale par son arrangement et ses modes de jeu. Un premier roulement de timbales et cymbale, sorte de glas sinistre, introduit le thème joué aux cuivres, dont l'accentuation, l'accompagnement de la caisse claire et l'absence presque totale d'harmonisation lui confèrent une raideur affectée. L'assombrissement soudain dû aux sourdines utilisées dans le registre grave et la conclusion qui substitue à la tonique conclusive une série d'accords diminués dissonants complètent le sombre tableau.

Cette version triviale de l'hymne français établit le ton nettement antimilitariste du film qui dénonce les exactions, durant la Première Guerre mondiale, du Général Mireau. Celui-ci, poussé par son ambition, commande une opération aussi meurtrière qu'infructueuse, avant de condamner, avec l'appui de l'institution militaire, trois soldats pris au hasard pour manque de combativité face à l'ennemi. Le cinéaste cherche à réaliser l'équilibre entre une mise en scène de la barbarie et de la déshumanisation qui puisse en rendre toute l'abjection, et les présupposés du cinéma américain, narratif

---

1. S. Kubrick, entretien avec M. Ciment, « Premier entretien/1972. *Orange mécanique* », art. cit., p. 156.

et populaire. La question qui sous-tend la forme cinémato-graphique du film est celle de la représentation de l'horreur.

Kubrick, dont la vision pessimiste et fataliste de l'existence est déjà avérée dans *L'Ultime razzia*, traite le sujet avec une froideur clinique. La justesse de la psychologie des personnages dénote ses préoccupations réalistes. Le colonel Dax, s'il prend des risques par convictions, n'est pas un héros de roman prêt à tout sacrifier pour ses valeurs, et les condamnés apparaissent terrifiés face à la mort, se lamentant ou pleurant dans les bras du prêtre. Le ridicule étouffe tout sentiment de compassion.

L'utilisation de la musique est à la mesure de ce refus du mélodrame. La seule musique extradiégétique est compo-sée par Fried pour percussions seules, instruments que l'on pourrait entendre sur un champ de bataille. Dans la séquence de la patrouille de reconnaissance, la musique consiste seulement en l'agencement sporadique de brefs motifs de timbales et caisse claire dont le morcèlement, qui altère le sentiment de pulsation, renforce l'indétermination, maintient la tension de la scène nocturne.

Ce style naturaliste, qui rapproche musique et réalité diégétique, peut apparaître comme le moyen pour Kubrick de combattre l'esthétisation de la violence. Mais une telle conception est mise en défaut par la séquence de la commé-moration de la mort d'Hindenburg et de la revue des troupes SA et SS décrite au début du chapitre, extraite du *Triomphe de la volonté* (1935) de Leni Riefenstahl. En effet, si le film, récit du Congrès de Nuremberg 1934, se donne comme un documentaire, son style dénonce l'illusion factuelle. Les divers mouvements d'appareil expressifs qui investissent et démul-tiplient l'espace diégétique révèlent le travail d'esthétisation du réel qui dépasse largement l'objectivité documentaire. De même, la prétention objective de la musique, qui dans la séquence mentionnée apparaît comme diégétique, avec les divers plans sur l'orchestre à vents de la commémoration puis sur les tambours et clairons de la parade, cache un véritable *mood managment* savamment réalisé par le compositeur Herbert Windt, qui prend en charge l'affectivité du spectateur par la gestion du mixage et la synchronisation soigneuse avec l'image. L'émotion de l'Adagio, l'attente due à l'interruption musicale, puis l'enthousiasme des thèmes martiaux renforcent l'adhésion à l'image et par là même à son idéologie sous-jacente.

Ainsi, le travail de Fried, même s'il témoigne d'une réelle préoccupation réaliste, consiste bien, comme celui de Windt, en une esthétisation. Par conséquent, ce qui les différencie tient plus spécifiquement au type d'esthétisation choisi. *Les Sentiers de la gloire* refuse tout d'abord la musique martiale, chorale ou instrumentale, pure positivité exaltante fondée sur la puissance dynamique du rythme, force entrainante qui se répercute dans le corps lui-même. Elle uniformise les sensations, fait marcher tous les hommes d'un même pas, abolissant l'individualité et la distance critique. Lorsqu'à la fin d'*Iwo Jima* (Dwan, 1949), des soldats hissent le drapeau américain alors que des gros plans successifs nous montrent le visage ému des protagonistes, pleins d'entrain pour repartir au combat, pendant que se fait entendre en sourdine l'*Hymne des Marines* dans une version pour chœur et orchestre à vents, on se croirait dans un film nazi. L'hymne est ici utilisé exactement comme *Horst Wessel Lied* dans *Le Triomphe de la volonté*, c'est-à-dire glissé discrètement sous les images des troupes arborant leurs étendards à la gloire du Parti.

Mais surtout, ce que Kubrick refuse, c'est l'impact émotionnel de la musique symphonique romantique. Dans la grande scène de l'exécution, véritable rituel dont l'abjection tient avant tout à son organisation imperturbable, la seule musique utilisée – roulement diégétique de tambour militaire dépourvu de toute fonction émotionnelle – ne sert qu'à souligner la lenteur implacable de la sinistre cérémonie. On imagine facilement à quoi aurait ressemblé cette scène traitée comme le sera plus tard l'Holocauste par Spielberg dans *La Liste de Schindler* (1993), dont l'horreur est dénoncée par le biais d'une fiction à grand spectacle fondée sur le suspens, conclue par le traditionnel *happy end*, et servie par la musique de John Williams qui utilise toute la panoplie de l'expression musicale, violon solo d'inspiration judaïque, chœurs d'enfants, ou musique symphonique aux amples courbes mélodiques mineures et leur suave harmonie[1].

Si l'utilisation d'une telle musique paraît douteuse, c'est d'abord parce que le cinéma nazi utilisait les mêmes artifices. Le style musical de ce dernier repose sur le symphonisme romantique et se construit à partir de thèmes représentatifs, possédant chacun un caractère affectif particulier, répartis dans le film selon l'action et les sentiments dépeints. Autrement dit, il est la stricte reproduction du style holly-woodien classique, ce qui montre le danger de cette forme dont la plasticité et l'invisibilité permettent de servir l'image en prenant en charge l'affectivité des spectateurs sans se révéler. Par l'uniformisation et la proximité affectives entre

---

1. Ce film, très critiqué par Claude Lanzmann, l'auteur de *Shoah* (1985), est pour ainsi dire un cas d'école très représentatif d'un certain style cinématographique ; on se permettra donc de comparer *Les Sentiers de la gloire* avec un film qui lui est postérieur.

les spectateurs et le monde diégétique, elle dissipe la distance entre réalité et fiction. Immersive, elle plonge le spectateur dans le monde de l'image en abolissant toute distance critique par l'exacerbation de la sentimentalité.

La musique possède cette particularité de pouvoir susciter des émotions relativement précises sans pour autant se faire figurative, sans afficher un sens fini et univoque. Elle peut aisément être instrumentalisée pour servir les valeurs les plus abjectes, l'antisémitisme du *Juif Süss* (Harlan, 1940) ou le film *Heimkehr* (Ucicky, 1941) qui montre la ségrégation puis la tentative d'extermination d'une communauté allemande par les Polonais, dans une véritable inversion du réel caractérisant l'idéologie nazie. Tel est le danger du style hollywoodien classique, fondé sur l'expressivité de la musique symphonique tonale qui, par sa capacité à servir n'importe quelle thèse, revêt un potentiel fasciste.

Les Sentiers de la gloire pose la question suivante : peut-on dénoncer la guerre et la barbarie humaine avec les mêmes armes que celles du nazisme ? Si Kubrick se méfie du potentiel affectif de la musique, il ne refuse pas toute expressivité musicale. Comme le remarque Fried, « les percussions sont passionnantes par elles-mêmes »[1], aptes à créer des émotions telles que le sentiment de tension dans la scène de la patrouille nocturne. Mais il serait insuffisant de concevoir que la différence entre Kubrick et le style classique tient uniquement à la ténuité des sentiments suscités, opposée à l'intensité du symphonisme et ses moyens mélodiques et harmoniques. Il y a bien une différence de

---

1. G. Fried, cité par G. D. Phillips, dans « *Paths Of Glory* », dans A. Castle (éd.), *The Stanley Kubrick Archives*, *op. cit.*, p. 307.

nature, et non seulement de degré, entre l'expression musicale de films tels que *La Liste de Schindler* et celle des *Sentiers de la gloire*.

Pour comprendre la conception de Kubrick, il faut étudier son dernier film de guerre dont la musique emprunte en partie la voie du précédent tout en étant plus difficile à appréhender. Le réalisateur, considérant qu'« il y a davantage à dire sur la guerre que de déclarer que c'est un mal »[1], veut aussi faire valoir ses dimensions positives, « le spectacle visuel, le courage, la loyauté, l'affection, le sacrifice de soi, l'esprit d'aventure [qui tendent] à compliquer la nature de tout message antibelliciste »[2]. La musique devra refléter cette ambivalence.

Kubrick recherche un propos réaliste par l'exploration de la complexité du rapport des soldats à la guerre et l'aspect documentaire qui évoque les actualités filmées, avec leur texture visuelle légèrement tremblée[3]. On peut diviser le film en trois grandes parties, l'entrainement au camp de Parris Island, le voyage de Joker en tant que reporter à travers le Vietnam puis la grande scène de combat à Hué, tripartition renforcée par une bande sonore très concernée par les préoccupations réalistes.

Outre la musique composée par Abigail Mead – pseudonyme de Vivian Kubrick – pour cuivres et percussions, utilisée comme fond sonore des scènes d'entrainement, a priori extradiégétique mais pouvant tout autant appartenir à l'environnement sonore du camp, on retrouve les thèmes de

---

1. S. Kubrick, cité par M. Ciment, *Kubrick, op. cit.*, p. 244.
2. *Ibid.*, p. 245.
3. *Ibid.*, p. 244.

la musique liée au pouvoir et la critique de la musique militaire. L'utilisation de l'*Hymne des Marines* lors d'une parade n'est évidemment pas celle d'*Iwo Jima*. La parodie est beaucoup plus subtile que celle de *La Marseillaise*, elle ne provient pas de la modification de la musique mais du discours idéologique détestable du sergent instructeur Hartman auquel elle est associée, prônant le sacrifice individuel au profit du Corps des Marines, entité immortelle. C'est aussi l'occasion de se moquer de la musique militaire galvanisante avec le thème stupide sur lequel Hartman invente sans cesse des paroles vulgaires que reprennent en chœur les nouvelles recrues :

Les scènes de l'agression collective de Pyle, le souffre-douleur du groupe, puis du meurtre du sergent, connaissent en revanche une subtile stylisation. Une atmosphère irréelle naît de la lumière nocturne bleutée qui inonde le dortoir, contrastant avec la blancheur clinique des néons, et d'une nouvelle pièce de Mead :

Cette musique très statique et minimale débute par des sons feutrés, évoquant des bruits blancs et dont la partie aigüe forme un embryon de mélodie, complétés ensuite par des tintements métalliques non tempérés rappelant le son des claves, très réverbérés et variés dans leur intensité, dont l'absence de lien avec la pulsation de la pièce cantonne notre transcription à une approximation rythmique. La tonalité est subvertie par le manque de netteté des hauteurs, l'instabilité de l'intervalle de triton à la basse, et les quartes successives de la mélodie. Les sons graves, semblables à des bruits mécaniques de soufflerie, et le pur aléatoire des sons métalliques évoquant des gouttes d'eau donnent à cette pièce un caractère bruitiste, comme une œuvre en devenir qui peine à s'extraire de l'univers chaotique des sons naturels pour se constituer en création artistique.

« Dans ma vie rêvée comme dans ma vie éveillée dont elle est inséparable, un des souvenirs que j'ai du Vietnam, c'est la présence constante du rock'n'roll »[1]. Kubrick a parfaitement illustré les propos de son coscénariste Michael Herr dans la seconde partie du film, dont la bande sonore ne fait entendre presque exclusivement que des chansons country, pop et rock, « choisies grâce à la liste *Billboard* des cent meilleurs *hits* annuels, de 1962 à 1968 »[2]. Ce principe musical est préfiguré dans la première scène du film qui montre les nouvelles recrues rasées chez le coiffeur, symbole de l'uniformisation réificatrice de l'institution militaire, accompagnée par le nostalgique *Hello Vietnam* de Johnny Wright.

La recréation de l'environnement sonore du Vietnam est l'expression des préoccupations réalistes du cinéaste, mais aussi des recherches d'unité formelle entre musique et image. La forme de la bande sonore, en constante évolution

1. M. Herr, entretien avec M. Ciment, « Entretien avec Michael Herr, scénariste », dans M. Ciment, *Kubrick, op. cit.*, p. 249.
2. S. Kubrick, entretien avec T. Cahill, « The Rolling Stone Interview. Stanley Kubrick », *in* G. D. Phillips (dir.), *Stanley Kubrick, Interviews, op. cit.*, p. 193.

au fil des chansons, évoque une diffusion radiophonique. Elle est en adéquation avec la narration, court *road movie* dans lequel Joker, journaliste de guerre, se retrouve à Da Nang avant de partir sur la route de Phu Bai, pour finalement rencontrer son ami Cowboy aux abords de Hué. Chez Kubrick, chaque film, ou même chaque section cinématographique, doit trouver sa propre forme musicale.

Apocalypse Now (Coppola, 1979), mélangeait déjà des musiques d'ambiance électroniques et acoustiques avec des chansons d'époque. Mais, outre la place importante qu'occupent ces emprunts dans *Full Metal Jacket*, la différence tient notamment au caractère des chansons utilisées. Le cinéaste oppose à Coppola et au succès des Doors, *The End*, très contemplatif et possédant une certaine force tragique, des chansons humoristiques telles que *Wooly Bully* (Sam the Sham And the Pharaohs), ou relativement mièvres, comme *Chapel of Love* des Dixie Cups. L'hilarant *Surfin' Bird* des Trashmen, qui « suggère l'euphorie succédant au combat »[1], apparaît lorsqu'un gros plan montre Crazy Earl fier et tout heureux d'avoir tué deux soldats vietnamiens.

Le film relève donc de deux types d'esthétisation musicale, deux formes de présence très différentes. La musique de la seconde partie est très percutante, affirmée, alors que celle de la première partie est relativement effacée. En revanche, une même dimension naturaliste rassemble ces deux approches, par les recherches musicologiques

1. S. Kubrick, entretien avec T. Cahill, « The Rolling Stone Interview. Stanley Kubrick », art. cit., p. 193.

justifiant l'utilisation des chansons et le caractère diégétique ou bruitiste des pièces de Mead.

Dans la troisième partie du film, les chansons s'interrompent en même temps que le voyage de Joker, dans les décombres de Hué. Lorsque les soldats pénètrent dans les bâtiments en ruines pour repérer leur ennemi, une autre pièce de Mead apparaît, qu'on peut reconnaître pour l'avoir entendue lorsque Joker découvrait les cadavres vietnamiens entassés dans une fosse commune. Conçue pour percussions et divers sons métalliques stridents, elle relève de la temporalité désintégrée caractérisant les musiques atonales. Agencement de sons épars sans cohésion apparente tels des bruitages, elle reflète ce monde chaotique, ravagé par les flammes et nimbé d'une épaisse fumée noire, envers déstructuré du monde ordonné, aseptisé du dortoir de Parris Island et sa lueur bleutée glaciale, autre forme de violence.

Cependant, le réalisme musical, aussi abouti soit-il, n'est pas suffisant, ce que l'on a montré plus haut, pour éviter l'instrumentalisation de l'affectivité. Kubrick veut rendre compte des dimensions positives de la guerre, notamment la stimulation physique et mentale qu'elle procure[1], mais sans recourir à la musique militaire exaltante qu'il critique par le biais de l'humour à la fin du film, avec la *Marche de Mickey Mouse* chantée en chœur par les soldats dans la lueur crépusculaire de la ville embrasée. L'humour, constant dans la seconde partie du film, semble suffire à créer une distance critique chez le spectateur.

---

1. Voir le dialogue entre les *marines* dans le dortoir de Da Nang, la folie meurtrière du mitrailleur de l'hélicoptère, ou le discours de Earl avec le Vietcong mort.

Puisque le film multiplie les références à John Wayne, et de ce fait à une certaine forme de représentation de la guerre dont Kubrick cherche à se départir, on se permettra de revenir à *Iwo Jima*. L'humour y est également présent, sous une forme spécifique qui atténue la gravité de la guerre en la faisant apparaître comme un jeu, dans lequel les personnages s'envoient des plaisanteries au beau milieu des combats. Il possède donc le même potentiel immersif que la musique symphonique par sa positivité, sa capacité à rendre le film sympathique, plaisant, et donc à faciliter l'adhésion à sa conception de l'Histoire. C'est grâce au principe de confrontation que Kubrick lui oppose une forme d'humour distanciatrice. Il enchaine le suicide de Pyle avec la première séquence vietnamienne et *These Boots are Made for Walking* de Nancy Sinatra, écho malicieux de la démarche lascive et cadencée de la prostituée, ou rit de la réaction de Crazy Earl avec *Surfin' Bird*. L'ironie, mode d'expression favori du cinéaste qui naît des confrontations audiovisuelles, favorise le sens critique en révélant l'absurde des évènements diégétiques, en créant une distance qui empêche l'identification.

Le second type d'esthétisation de *Full Metal Jacket*, minimal, reprend exactement celui des *Sentiers de la gloire*. Il semble évident que Kubrick ne veut pas utiliser la musique à la manière d'Oliver Stone dans *Platoon* (1986), sorti six mois plus tôt, qui augmente l'impact émotionnel de plusieurs scènes fortes avec l'*Adagio pour cordes* de Barber et son aura glorificatrice. Dans le climax de *Full Metal Jacket*, lorsque Joker est confronté au douloureux cas de conscience qui le poussera finalement à achever la Vietcong agonisante, seule la musique de Mead, celle du dortoir, sous-tend le tragique de la scène. C'est la première fois depuis *2001* que

Kubrick n'utilise dans un film aucune œuvre savante, classique ou moderne.

> Si sentimental veut dire « qui donne des émotions fausses », j'ai évité de l'être. [...]. Je crois qu'on comprend implicitement quelle horreur cela représente pour les hommes qui sont plongés dans cette guerre, mais ça n'est pas... comment dire, exploité [1],

affirmait le réalisateur à propos des *Sentiers de la gloire*. Il ne refuse pas toute expressivité musicale, mais bien l'exacerbation affective du symphonisme romantique, ce que l'on nomme l'expression pathétique. En plus de sa capacité immersive, apte à abolir toute distance critique par l'identification psychologique et la force des émotions qui submergent le spectateur, elle génère une forme d'émotion que Kubrick juge *fausse*, factice. Car le symphonisme tonal peut créer de toute pièce, ou du moins démultiplier, les émotions, principe contraire aux convictions du cinéaste selon lequel les faits doivent parler d'eux-mêmes, sans surenchère musicale ni visuelle, pour éviter que la forme ne prenne le pas sur l'histoire elle-même [2]. L'émotion factice, c'est celle que sait créer la forme cinématographique indépendamment de tout propos, qui naît des seuls artifices audiovisuels.

En fait, ce que Kubrick refuse en dernier recours, c'est l'instrumentalisation de l'horreur par la forme cinématographique qui en fait un divertissement lacrymal où

---

1. S. Kubrick, entretien avec R. Walter, « De *Killer's Kiss* à *2001 : l'odyssée de l'espace* », art. cit., p. 23.

2. On voit que les préoccupations sont ici bien différentes de celles de *2001*.

l'important n'est plus le sujet mais les émotions fortes que l'on peut en tirer. Cette approche, qui veut révéler et dénoncer l'horreur par les émotions suscitées, concourt paradoxalement à en édulcorer la gravité, simple source de plaisir affectif possédant à ce titre une dimension positive, exaltante. C'est pourquoi la musique symphonique romantique, par son ampleur expressive, possède au même titre que la musique militaire une dimension glorificatrice. Le génie de Kubrick est de faire valoir la dimension héroïque, ludique ou tragique de la guerre, tout en s'appuyant sur une esthétisation musicale qui ne concourt pas pour autant à glorifier la guerre et la violence.

Les Sentiers de la gloire possède bien son moment pathétique, lorsqu'à la fin les soldats français, émus, fredonnent Le Hussard fidèle avec la jeune Allemande. Mais, outre l'absence de musique extradiégétique dans cette séquence, Kubrick étouffe rapidement l'émotion par le générique de fin et l'arrangement de Fried, qui reprend la mélodie précédente dans une version « militarisée » grotesque, avec caisse claire et cuivres graves, qui en dénature l'authenticité et la mélancolie. S'il fallait contester cette scène, ce serait dans la mesure où elle propose une vision cathartique de la musique pouvant transmuer la lubricité et le sadisme des soldats en émotions positives. L'influence de l'art musical sur la morale humaine sera magistralement démentie par Orange mécanique.

Chapitre VIII

PENSER LA MUSIQUE

Orange mécanique est tout à fait étranger à l'esthétisation minimale, réaliste et non pathétique qui caractérise les films de guerre de Kubrick, et de nombreux critiques, à sa sortie, ont vu dans cette œuvre une forme de glorification de la violence. Le réalisateur utilise les œuvres célèbres de la musique classique pour magnifier les actes malfaisants d'Alex, jeune homme adepte de viol et d'ultra-violence.

Le sujet du film peut être décliné en trois domaines. Il est d'abord politique, en tant que réflexion sur une forme de violence institutionnalisée, caractérisant les structures mêmes de l'État, prohibée chez l'individu mais normalisée dans la société. Le film explore également le domaine moral. « Il parle des tentatives pour limiter le choix de l'homme entre le bien et le mal » [1], au travers du traitement Ludovico infligé à Alex, le conditionnant servilement à réprimer tout acte ou

---

1. S. Kubrick, entretien avec M. Ciment, « Premier entretien/1972. *Orange mécanique* », art. cit., p. 149.

sentiment considéré comme nuisible par la société. De plus, le film propose une conception amorale de l'art, en récusant l'influence bénéfique de la musique sur l'éthique humaine, ce que l'Histoire avait démontré au travers du IIIe Reich et du goût prononcé pour les arts qui caractérisait de nombreux dirigeants nazis. Comme eux, Alex est amateur de musique savante qui, loin de refréner ses penchants, stimule ses pulsions violentes et lubriques.

Si la musique joue un rôle important dans l'histoire racontée, elle est également l'un des fondements de la forme cinématographique, qui adopte le point de vue d'Alex.

> Dans son inconscient, chacun de nous tue et viole. Ceux qui aiment le film trouvent cette sorte d'identification avec lui. L'hostilité de ceux qui le détestent naît de leur incapacité à accepter ce qu'ils sont réellement[1].

Politique, moral, ce film aux multiples facettes possède aussi un versant psychologique, voire psychanalytique. Il recherche une identification entre Alex et les spectateurs, révélatrice des fantasmes et pulsions enfouis dans l'inconscient, dont le refoulement est condition de la vie en société. Le thème d'*Orange mécanique* dépasse le film lui-même, il réside aussi dans sa réception, dans son rapport avec le spectateur.

La musique crée la proximité avec le protagoniste en tant que reproduction de son espace mental, foisonnant d'œuvres classiques. Mais surtout, les musiques utilisées jouent le rôle de catalyseur, de révélateur de nos pulsions malsaines par le caractère excitant et ludique qu'elles confèrent aux scènes

---

1. S. Kubrick, entretien avec M. Ciment, « Premier entretien/1972. *Orange mécanique* », art. cit., p. 158.

de violence. Elles orientent notre perception en nous faisant vivre les expériences du jeune homme lui-même. Le symphonisme tonal exerce ici sa pleine influence affirmative, comme ces ouvertures de Rossini, vastes élans dionysiaques débutant par le lyrisme d'un *adagio* pour triompher sur un brillant *presto*.

Dans le film, musique et violence sont inextricablement liées. L'ouverture de *La Pie voleuse* de Rossini dont Alex entend les échos s'échapper d'une fenêtre ouverte lui murmure la manière adéquate de traiter ses *drougs* rebelles. Stimulation de l'esprit, mais aussi stimulation du corps, lorsqu'Alex frappe en cadence l'écrivain dissident et sa femme en chantant *Singin' in the Rain*, ses mouvements domptés par la mélodie devenant l'incarnation du rythme musical. « La parenté du schéma rythmique et mélodique et des schémas gestuels [...] représente un des éléments fondamentaux du langage expressif de la musique »[1], remarquait Robert Francès. Les vibrations sonores se répercutent dans le corps en aiguillant l'affectivité.

Violence et musique sont animées d'une même vie rythmique, comme ces christs en croix qui, par le biais d'un montage rythmique, se mettent véritablement à danser sur le Scherzo de la *Neuvième Symphonie* de Beethoven. L'art devient violence, la violence devient art, esthétisée par une pléiade de figures de style visuelles. Dans la séquence du théâtre abandonné, elle devient un ballet en deux actes mis en musique par le thème espiègle en *sol* majeur de l'ouverture de *La Pie voleuse*, avec ses broderies

---

1. R. Francès, cité par J.-J. Nattiez, *Musicologie générale et sémiologie*, *op. cit.*, p. 156.

chromatiques et sa longue désinence facétieuse, qui insuffle mouvement et vigueur à l'agression d'une jeune fille par Billyboy et ses *drougs*, puis la rixe entre les deux bandes rivales :

Les coups portés à Alex par ses anciens amis devenus policiers, très stylisés, deviennent des coups de gong puissamment réverbérés, contrepoint à la marche funèbre de Purcell. L'art est intimement lié aux instincts délétères et sadiques.

Plus précisément, le centre de gravité du film est le rapport d'Alex avec Beethoven et sa *Neuvième Symphonie*. Figure paternelle selon Jean-Paul Dupuy[1], mythique, le compositeur classique est pour Alex la source de toutes les jouissances, sexuelle, physique et intellectuelle. Après la première soirée d'ultra-violence, le Scherzo de la grande symphonie en *ré* mineur que le jeune homme semble fétichiser, lui inspire des visions fantasmagoriques jubilatoires, des représentations poétiques et visuelles inouïes. Alex incarne un mode d'appréciation, de jouissance esthétique authentique, contrairement aux nombreuses représentations artistiques de l'érotisme, que l'absence de toute hauteur métaphorique tend à rendre trivial et grossier, « un art où le mystère, la magie, l'ambiguïté latente et la

---

1. J.-P. Dupuy, « En Mal du père », dans G. Ciment (dir.), *Stanley Kubrick, op. cit.*, p. 47.

profondeur n'ont pas laissé de traces » [1]. La musique devient la véritable jouissance érotique, opposée à la relation charnelle entre Alex et deux jeunes filles rencontrées chez le disquaire, lors d'une scène burlesque passée en accéléré et accompagnée de l'*Allegro vivace* de l'*Ouverture* de *Guillaume Tell* de Rossini dans un arrangement électronique débridé. Contre une représentation explicite qui objective – donc banalise – ce qu'elle veut montrer, la musique est l'art métaphorique de l'ineffable qu'Alex intériorise et s'approprie.

Par le rôle dévolu à la musique dans la représentation de la violence, on peut se demander comment Kubrick évite l'écueil de la glorification qu'il avait su empêcher dans *Les Sentiers de la gloire*. La question de l'usage des œuvres classiques est d'autant plus prégnante qu'elle était déjà une caractéristique du cinéma nazi. *Le Triomphe de la volonté* est irrigué de citations des opéras de Wagner, figure tutélaire associée au führer. Le cinéma de fiction lui-même regorge d'emprunts classiques, dans *Stukas* (Ritter, 1941), *La Ville dorée* (Harlan, 1942), ou *Immensee* (Harlan, 1943), dans lequel l'*Hymne à la joie* symbolise la quintessence de l'art germanique, thème associé aux thèses raciales de la pureté allemande. L'instrumentalisation de la *Neuvième Symphonie* de Beethoven dépasse le cadre cinématographique, elle est une arme – jouée pendant les Jeux olympiques de Berlin puis dans toute l'Europe durant la guerre – pour assoir la domination du IIIe Reich dans le domaine artistique et culturel.

1. R. Benayoun, « Stanley Kubrick le libertaire », dans G. Ciment (dir.), *Stanley Kubrick, op. cit.*, p. 112.

On comprend ainsi pourquoi Kubrick choisit de se concentrer sur la *Neuvième Symphonie*, alors que Burgess mentionnait dans l'ouvrage original de nombreux compositeurs, réels ou inventés. C'est une œuvre emblématique de la culture occidentale, considérée comme un sommet indépassable de l'art musical. Création démiurgique, la plus colossale de Beethoven, elle déploie le genre de la symphonie dans des proportions inégalées en dépassant les formes préétablies par ses libertés créatrices et l'inclusion des chœurs. Le compositeur y met en musique l'*Ode à la joie* de Schiller, hymne à l'amour fraternel des hommes et des peuples. Les trois premiers mouvements, instrumentaux, sont pensés par Beethoven, ainsi qu'en témoignent les manuscrits originaux[1], comme une longue recherche de la parfaite alliance entre poème et musique, aboutissant au célèbre *Hymne à la joie* qui triomphe dans le quatrième mouvement, extase dionysiaque des voix réunies appelant de leurs vœux l'amour universel.

Cette musique est pure affirmation. Beethoven dépasse le style galant classique pour élaborer une dramaturgie que Mozart et Haydn avaient déjà recherchée sans pourtant égaler l'héroïsme de ses compositions. Il enrichit l'orchestre symphonique par les instruments des fanfares populaires, renforçant le pupitre des cuivres et ajoutant divers instruments de percussion. Ces ajouts donnent à certains passages de la *Neuvième Symphonie* un caractère martial, comme la section *alla marcia* du quatrième mouvement qui, bien que ternaire, évoque une musique militaire par

1. Voir A. Boucourechliev, *Beethoven*, Paris, Seuil, 1963, p. 119.

ses rythmes pointés, l'absence des cordes et l'utilisation du triangle, des cymbales et de la grosse caisse :

Kubrick a remarquablement cerné le lien entre cet extrait et la musique des films de propagande qui s'appuient, comme on l'a vu, sur la musique martiale et son potentiel galvanisant, puisque c'est l'un des deux seuls passages du quatrième mouvement qu'il utilise dans *Orange mécanique*. Ce choix est à mettre en rapport avec l'utilisation des marches n° 1 et n° 4 de l'œuvre *Pomp and circumstance* de Elgar, au titre révélateur, qui accompagnent avec emphase la venue du ministre de l'Intérieur dans la prison où Alex est incarcéré. On retrouve le thème de l'usage de la musique par le pouvoir politique.

Le cinéaste utilise la *Neuvième Symphonie* à la fois pour son sens culturel et son sens interne – lié autant au message littéraire qu'au sens porté par la musique elle-même – qui débordent le sens cinématographique en trouvant des répercutions dans l'expérience que chaque spectateur possède avec cette œuvre connue de tous. Triomphale, affirmative, elle est aisément corruptible par n'importe quelle idéologie. Son aura mythique explique la vaste histoire politique qu'elle connaît depuis sa création, tantôt fasciste, tantôt révolutionnaire. Le travail de Kubrick consiste justement à désactiver son potentiel idéologique, son usage immersif dont on a décrit plus haut les dangers. Le réalisateur oppose à cet usage une esthétique inverse qui peut seule le contrer, celle de la conscience.

Dans le cinéma hollywoodien classique comme dans le cinéma nazi, la forme cinématographique, visuelle et sonore, se fait oublier au profit de ce qu'elle montre, elle est résorbée dans l'histoire. En rendant la forme invisible, donc en gommant les traces de l'énonciation, le propos du film se substitue à la réalité elle-même par l'illusion d'objectivité. Or, tout contenu filmique est relatif à un point de vue, un ensemble de techniques qui orientent la perception. Ainsi, *Orange mécanique* adopte une posture autoréférentielle en affirmant sa nature de création audiovisuelle, subjective, en établissant une distance avec le spectateur. Le travail de Kubrick est de permettre la prise de conscience des artifices cinématographiques, donc l'adoption d'une posture critique vis-à-vis de ces artifices. La glorification de la violence, nécessairement sans conscience, s'envole par le principe même de la critique qui ne peut cautionner une telle forme de représentation, alors que le fascisme cinématographique cherche à faire abdiquer tout jugement afin de mieux asséner son idéologie belliciste.

Pour ce faire, le cinéaste établit un ensemble d'« écrans distanciateurs »[1] selon les termes de Jean-Loup Bourget, dès la première image du film. *Orange mécanique* s'ouvre de manière dramatique sur le regard ténébreux d'Alex fixant la caméra dans un rictus indescriptible, mettant le spectateur au défi, avant qu'un lent travelling arrière révèle le décor futuriste du *Korova Milk Bar*, accompagné de la marche tragique extraite de la *Musique pour les funérailles de la reine Mary* de Purcell, dans une version pour synthétiseur réalisée

---

1. J.-L. Bourget, « Les avatars du cercle », dans G. Ciment (dir.), *Stanley Kubrick, op. cit.*, p. 107.

par Wendy Carlos dont l'ampleur apocalyptique touche au sublime. Le sentiment de frontalité est une constance de l'esthétique visuelle de Kubrick : le regard caméra rejette le public hors du monde de l'image, en le rappelant à sa place de spectateur. Inverse du principe immersif, il établit une distance, nécessaire pour penser l'image.

Dans la même veine, Kubrick filme avec insistance les spectateurs diégétiques, notamment les dignitaires politiques et scientifiques réunis à la fin du traitement d'Alex pour en vérifier l'efficacité grâce à une sorte de représentation théâtrale où le jeune homme sera forcé par deux fois de s'avilir pour contrer l'extrême souffrance qu'occasionnent désormais ses pulsions violentes et licencieuses. Plusieurs gros plans captent le voile de sadisme et de lubricité sur leur visage, preuve que la noirceur de leur âme diffère de celle d'Alex uniquement par la voie normalisée qu'elle emprunte pour s'exprimer. Mais surtout, la réalisation insiste sur la nature du film, miroir tendu aux spectateurs qui éprouvent ce même plaisir à contempler le vice et la luxure. La voix-off d'Alex racontant ses déboires au public, ses « seuls amis », est aussi un moyen de rappeler sa place au spectateur. Elle empêche surtout, selon le cinéaste, de concevoir « la violence d'une façon objective, puisqu'elle nous est décrite par Alex »[1], ce qui rend impossible la prétention du film à se donner comme réalité indépendante de tout point de vue.

L'autoréférence tient également aux mises en abyme musicale (chez le disquaire, on aperçoit un album des œuvres classiques de 2001) et cinématographique (les songes

---

1. S. Kubrick, entretien avec M. Ciment, « Premier entretien/1972. Orange mécanique », art. cit., p. 149.

d'Alex empruntent l'imagerie du péplum et des films d'horreur). Kubrick donne à voir le cinéma et la musique de film comme objets, donc comme créations visuelles et sonores relatives à une culture, déterminant les représentations mentales du protagoniste, ne pouvant se substituer à la réalité objective. L'autoréférence vient aussi de la rupture avec les normes cinématographiques : les mouvements visuels expressionnistes rappellent la présence de la caméra, de même que le principe de confrontation permet une prise de conscience de l'esthétisation musicale. Contre le confort intellectuel de la convention, le décalage accusé entre musique et image rend visible le dispositif cinématographique en produisant ce *choc*, nécessaire selon Deleuze pour penser l'image. La subversion des normes force à penser la norme, à adopter une posture critique face aux associations audiovisuelles inédites. « Quand la violence n'est plus celle de l'image et de ses vibrations, mais celle du représenté [...], il n'y a plus d'excitation cérébrale et de naissance de la pensée »[1]. La violence représentée dans *Orange mécanique* n'est pas tant dans l'image que dans ses confrontations avec les œuvres classiques, dans les juxtapositions de l'art et du vice. L'effet de distanciation est d'ailleurs contenu dans l'usage même d'œuvres emblématiques, dont la perception renvoie à d'autres champs de l'expérience humaine, hors du monde de l'image. Ces interférences culturelles sont véritablement constitutives de l'esthétique du cinéaste.

Comme dans *Full Metal Jacket*, la distance est aussi celle de l'ironie créée par ces confrontations. Le triomphe choral

---

1. G. Deleuze, *Cinéma 2, L'image-temps*, Paris, Éditions de Minuit, 1985, p. 213-214.

et orchestral conclusif de la *Neuvième Symphonie* trouve des résonances sarcastiques dans la séquence finale de la liesse générale, où le ministre de l'Intérieur achète le soutien d'Alex pour influencer l'opinion publique en sa faveur. La vision du jeune homme qui clôt le film, ébat charnel applaudi par une troupe de notables en costume, symbolise l'éthique mafieuse d'un État qui sous couvert d'ordre et de morale n'hésite pas à s'allier avec les pires criminels. La grande symphonie célèbre avec cynisme cette réconciliation fondée non sur l'amour universel mais sur l'intérêt et l'hypocrisie. Son effet est d'autant plus percutant que l'insistance obsédante, dès le début du film, de la marche funèbre de Purcell complétée d'un fragment du *Dies irae*, symbole mortuaire, laissait présager une conclusion funeste. L'œuvre beethovénienne dionysiaque semble se jouer des attentes du public par cette nouvelle inversion des codes sonores.

La subversion des normes réside également dans le travail d'arrangement électronique de Wendy Carlos. Son rôle est d'abord de renforcer l'univers de science-fiction par ses sonorités futuristes, ainsi que son esthétique pop'art très marquée dans les décors, costumes, et l'importance de l'érotisme. On peut aussi concevoir, contrairement à Sineux qui voit dans l'arrangement de la *Neuvième* une odieuse déformation due au traitement Ludovico[1], que les réorchestrations électroniques représentent simplement les œuvres telles que perçues via le prisme de la subjectivité d'Alex.

---

1. M. Sineux, « Maestro, musique !... », art. cit., p. 36.

Cependant, un second niveau d'analyse révèle l'opposition de Kubrick à l'usage glorificateur de la musique. Pour preuve l'utilisation du célèbre thème de la *Cinquième Symphonie* de Beethoven comme sonnerie de porte, référence à l'univers pop'art qui prône, contre la conception de Walter Benjamin et de l'École de Francfort, l'extrême reproductibilité et la popularisation des œuvres d'art. Kubrick semble vouloir désamorcer le potentiel affectif de l'orchestre symphonique par les sons synthétiques et la distorsion électronique de la voix humaine, en donnant aux œuvres phares de la tradition savante un air léger, espiègle, voire frivole, procédé qui rappelle le traitement infligé au *Hussard fidèle* à la fin des *Sentiers de la gloire*. Les œuvres, privées de leur aura grandiose et mythique, donc de leur potentiel propagandiste, deviennent inaptes à glorifier la violence.

La seule utilisation musicale non distanciée du film a lieu lors du retour d'Alex dans son foyer, où il sera rejeté par ses parents, avec le début de l'ouverture de *Guillaume Tell*, lyrique, et son thème expressif en *mi* majeur :

Kubrick, voulant renforcer au maximum l'identification avec Alex, fait un usage traditionnel de la musique, qui s'immisce sous les dialogues pour créer inconsciemment une proximité affective avec le personnage, unique entorse au principe d'autoréférence.

Les nombreux procédés de distanciation musicale révèlent un usage fort du principe d'autoréférence, qui ne consiste alors pas seulement à montrer le film comme objet en établissant une distance avec le spectateur, mais à exhiber son dispositif lui-même, c'est-à-dire à rendre visible la forme cinématographique. Dans les séquences du traitement Ludovico, Alex, drogué, est soumis à une série de films mettant en scène la violence sous diverses formes. Avant d'en être écœuré, le jeune homme se plaît à les visionner : « C'est drôle comme les couleurs du monde réel ne semblent vraiment réelles que slouchées sur un écran ». Bourget remarque qu'« en laissant la phrase de Burgess dans la bouche d'Alex, Kubrick tend à détruire lui-même l'illusion de réalité du film »[1]. Plus que cela, elle est une invitation adressée au spectateur à prendre garde aux artifices cinématographiques, en affirmant le caractère subjectif de toute représentation, aussi séduisante soit-elle. C'est à Kubrick lui-même que l'on doit la référence d'Alex, qui vante la qualité des cris et du faux sang, au réalisme de l'industrie hollywoodienne.

Mais c'est dans le climax de la séquence que le cinéaste propose le dispositif autoréférentiel le plus abouti. Le film imposé à Alex rassemble des images d'archives nazies, dont certaines empruntées au film de Riefenstahl décrit dans le chapitre précédent, accompagnées de la section *alla marcia* de la *Neuvième Symphonie*. Kubrick semble ainsi recréer un *Triomphe de la volonté* miniature, en synchronisant soigneusement la musique au ton martial sur le pas d'un bataillon, comme si son utilisation n'était pas le fait des scientifiques mais provenait du film lui-même. Nos références au cinéma nazi trouvent sens dans l'excellente mise en scène proposée par Kubrick de l'instrumentalisation de l'art par

1. J.-L. Bourget, « Les avatars du cercle », art. cit., p. 104.

le pouvoir. Dans le même ordre d'idées, l'utilisation de l'*Overture to the Sun* de Terry Tucker, au ton médiéval, lors de la vérification de l'efficacité du traitement Ludovico et l'humiliation d'Alex, fait référence à la tradition théâtrale, commedia dell'arte ou comédie-ballet qui utilisaient des interludes musicaux, tradition détournée elle aussi pour servir le fascisme. La *Neuvième Symphonie* est instrumentalisée par les scientifiques pour renforcer l'efficacité du traitement, tuant du même coup l'amour d'Alex pour l'œuvre, puis par les dissidents politiques qui en font une arme pour le pousser au suicide, dans cette scène fantastique où le Scherzo très réverbéré semble saturer l'esprit du jeune homme jusqu'à la folie.

L'autoréférence tient à la manière dont le réalisateur, avec son nouveau *Triomphe de la volonté*, donne à voir ce qu'il fait lui-même, par exemple dans la séquence chez le disquaire où Alex, en costume aristocratique, évolue avec pompe comme un militaire à la parade, accompagné du même thème *alla marcia*, et plus généralement dans toutes les associations entre des œuvres classiques et le thème de la violence. Pour Robert Benayoun, *Orange mécanique* n'est rien moins que « l'une des plus puissantes mises en cause du cinéma par lui-même »[1]. Le film prend conscience de lui-même, il fait son autocritique en donnant à voir ses propres structures, contre le principe immersif qui fait oublier la forme pour se donner comme réalité objective. Il représente les procédés utilisés pour rendre la violence attractive, afin d'empêcher toute manipulation par l'attitude critique qu'il suscite chez les spectateurs. *Orange mécanique*, dans

---

1. R. Benayoun, « Stanley Kubrick le libertaire », art. cit., p. 112.

une dialectique subtile, parvient à désamorcer ses propres méthodes pour proposer la dénonciation la plus vibrante de l'usage fasciste de la musique.

CONCLUSION

La richesse et la diversité des mondes sonores de Kubrick échappent à toute définition monolithique. Le cinéaste semble avoir retenu le principe debussyste, selon lequel chaque œuvre doit trouver sa propre forme. Ses bandes musicales, édifices sonores élaborés, jouissent d'une relative autonomie tout en possédant des liens étroits avec la structure narrative. Le principe de confrontation, clef de voute de son esthétique, est une poétique du dévoilement qui met en lumière des potentialités visuelles latentes que seule l'association entre l'image et la musique peut révéler. Par la mise en valeur de ses choix musicaux, le réalisateur affirme l'apport essentiel de l'art sonore dans la forme cinématographique.

Avec *2001 : l'odyssée de l'espace*, Kubrick façonne un univers musical dont la nouveauté fera date dans l'histoire de la musique de film. Le principe d'emprunt à la tradition savante marque les esprits, bien que son génie tienne avant tout à l'usage symbolique des chefs-d'œuvre utilisés, difracté en plusieurs niveaux de signification. Contre l'assujettissement de la temporalité musicale à celle de l'image qui caractérisait le cinéma classique hollywoodien, le cinéaste construit un rapport dialectique entre le sonore et le visuel pour atteindre des sommets d'expression cinématographique. En déployant les plages sonores comme dans le cinéma muet, il retrouve le plaisir de l'écoute musicale et permet le plein épanouissement, expressif et signifiant, des œuvres utilisées, en opposant à la subjectivation du cinéma classique une hauteur objective, archétypale. Par l'opposition de plusieurs pôles sonores, l'ouverture à la modernité et au monde des bruits, ainsi que la diversification symbolique, il élabore une vaste structure de sens, de portée métaphysique.

Dans *Orange mécanique*, Kubrick complète le principe d'emprunts classiques par le travail de Wendy Carlos qui réalise des arrangements synthétiques. La musique du film est centrale dans le dispositif autoréférentiel qui veut mettre en exergue l'esthétisation du réel, contre l'usage immersif du cinéma américain classique et du fascisme.

Le cinéaste recourt une nouvelle fois aux services d'un arrangeur pour reconstruire l'univers sonore du monde de *Barry Lyndon*. Le film réalise un équilibre subtil entre naturalisme et stylisation, entre exigences narratives et rigueur historique, n'hésitant pas à user de quelque anachronisme dans un but expressif et symbolique. L'opposition entre populaire et savant, autre caractéristique du style de Kubrick, esquissée dans les deux films précédents, est ici fondatrice de la construction de la bande sonore.

À partir de *Shining*, Kubrick réintroduit l'usage traditionnel des compositions originales, avec deux pièces de Wendy Carlos. Mais le film se caractérise surtout, après l'empreinte baroque et classique de *Barry Lyndon*, par l'importance accordée à la musique moderne et les sonorités inédites de compositeurs d'avant-garde, aptes à susciter la peur et à servir comme dans *2001* la dimension mythique du récit. Cependant, contrairement au film de science-fiction et son morcèlement musical, Kubrick réalise une bande sonore très unitaire en alliant bruits, œuvres savantes et compositions électroacoustiques. Le cinéaste, recréateur, propose une nouvelle appropriation musicale pour unifier la forme sonore et visuelle.

Comme dans *Les Sentiers de la gloire* et *Orange mécanique*, explorant le thème de la violence humaine, le cinéaste est particulièrement prudent dans l'usage de la musique de *Full Metal Jacket*. La bande musicale, plastique, s'adapte à la structure tripartite du film, en évitant l'approche pathétique et glorificatrice. Les pièces d'Abigail Mead sous-tendent l'irréalité de certaines séquences sans prendre en charge l'affectivité du spectateur comme dans le cinéma hollywoodien, alors que les chansons pop et rock créent une ironie de distanciation.

Enfin, *Eyes Wide Shut* renoue avec la modernité au travers du troisième emprunt à l'œuvre de Ligeti, tout en accordant une importance première à la culture populaire. La forme musicale consiste en une longue introduction progressive dans un monde mystérieux qui sourd du quotidien. Kubrick ne s'encombre pas du dogme de la cohésion musicale et s'appuie sur les possibilités expressives de tous les genres musicaux. L'aboutissement du morcèlement formel trouve sens dans le principe de fragmentation caractéristique des rêves.

Kubrick se défie du langage. Mais ce n'est pas en tant que l'un des ressorts de la forme cinématographique, contrairement à ce que certains commentateurs affirment trop rapidement. Il est vrai que le metteur en scène refuse d'assujettir le cinéma au langage discursif en construisant des narrations uniquement fondées sur celui-ci. « Ce qu'il y a de mieux, dans un film, c'est lorsque les images et la musique créent l'effet »[1]. Cependant, plutôt que de l'évacuer au maximum, Kubrick en fait un nouveau domaine de création. *Lolita* et *Docteur Folamour*, très littéraires, mais plus généralement l'ensemble des œuvres du réalisateur, témoignent d'un soin méticuleux accordé à la construction des dialogues et au choix des mots. Le *nadsat* aux sonorités nouvelles, la langue des *marines*, drôle et riche de métaphores, la voix over de *Barry Lyndon* au ton légèrement ironique cherchent à renouveler les mots et leur usage dans un but expressif. Même l'atrophie et la banalisation du langage sont porteuses de sens, dans *2001* ou *Eyes Wide Shut*.

La véritable défiance à l'égard du langage discursif réside dans le contenu du film, et non dans sa forme. L'échec de la rationalité est un thème constant chez Kubrick, pour qui l'homme, hétéronome, est guidé surtout par ses instincts et ses pulsions. Cette irrationalité n'est jamais aussi dangereuse que lorsqu'elle se donne comme son inverse. L'horreur du discours du docteur Strangelove tient avant tout à l'apparence logique et irréfutable de ses raisonnements. Dans *Les Sentiers de la gloire*, la bureaucratie militaire assassine trois soldats sous couvert de légalité et de rigueur objective des procédures pénales, violence et barbarie institutionnalisées que l'on retrouve dans *Orange mécanique*.

En premier lieu, cette violence trouve son origine dans les mots eux-mêmes, dans la manipulation que leur maîtrise permet. Avec des termes différents, le ministre et les dissidents politiques manifestent un même mépris à l'égard

---

1. S. Kubrick, entretien avec M. Ciment, « Premier entretien/1972. *Orange mécanique* », art. cit., p. 156.

du peuple. Dans *Full Metal Jacket*, la rhétorique journalistique tord le réel en créant une nouvelle réalité par le seul usage performatif des mots. Les scientifiques de Ludovico nomment *traitement* ce qui consiste en une véritable torture, et parlent de *processus de guérison* face aux souffrances d'Alex, artifices que le jeune homme parodie lorsqu'il conclut malicieusement à la fin du film « pour sûr, j'étais guéri ». C'est la violence de la raison, du *logos*, « violence d'autant plus immense et profonde qu'elle se donne pour l'autre de la violence »[1], c'est l'horreur irrationnelle sous le masque de la rationalité et dont le langage est la meilleure des armes.

La musique, par sa nature non figurative, échappe aux prétentions de la raison. Dans *2001*, Kubrick s'inspire de la nature métaphorique et équivoque de l'art musical pour construire son œuvre comme un ensemble de stimulations affectives et conceptuelles s'adressant au subconscient. La forme cinématographique échappe au joug du langage discursif et sa tendance à ramener toute diversité symbolique à une conceptualisation arrêtée, en se rapprochant de la musique. Si celle-ci peut être instrumentalisée, c'est toujours contre elle-même, contre sa nature profonde qui se trouve dénaturée dès lors qu'on veut lui faire dire ce qu'elle ne dit pas. La musique représente une sphère de liberté qui ne peut être rationalisée, une forme de plaisir esthétique intuitif échappant à l'intellection. La courte chronologie proposée ci-dessus montre que le cinéaste rejette tout systématisme – et la prévisibilité qu'il engendre – pour faire de ses mondes

---

1. E. Dufour, *Qu'est-ce que le mal, Monsieur Haneke ?*, Paris, Vrin, 2014, chapitre 4.

sonores une source d'étonnement et d'émerveillement sans cesse renouvelée. Non tenue aux nécessités réalistes et libérée des conventions hollywoodiennes, la musique représente un espace d'invention privilégié dans lequel l'imagination fertile de Stanley Kubrick peut s'exprimer sans entraves.

TABLE DES MATIÈRES

Cet ouvrage a été imprimé
en octobre 2014 par

FIRMIN-DIDOT

27650 Mesnil-sur-l'Estrée
N° d'impression : 124877
Dépôt légal : octobre 2014

Imprimé en France